JACK C. RICHARDS | THOMAS S. C. FARRELL

PROFESSIONAL DEVELOPMENT
FOR LANGUAGE TEACHERS
STRATEGIES FOR TEACHER LEARNING

语言教师的职业发展
教师学习策略

[新西兰] 杰克·C. 理查兹　[加拿大] 托马斯·S. C. 法瑞尔　著
陈亚杰　王　新　译

复旦大学出版社

目 录

丛书编辑前言   001
前言   001

第一章 教师教育的实质   001
第二章 工作坊   027
第三章 自我监控   040
第四章 教师互助小组   061
第五章 教学日志   081
第六章 同行听课   103
第七章 教学档案   118
第八章 分析关键事件   136
第九章 案例分析   151
第十章 同行培训   171
第十一章 合作教学   190
第十二章 行动研究   204
译者的话   233

丛书编辑前言

第二语言教学和外语教学为世界各地几十万名教师提供了就业机会。英语教学这一宏伟的教育事业的有效开展离不开这些教师在其职业生涯中日复一日、年复一年的奉献和努力。许多项目协调员、校长和教师培训人员面临的一个挑战就是如何让经验丰富的教师在他们的职业生涯中保持兴趣、创造力和热情。如果教师仍要感受语言教学是一项有益的活动，随着时间的推移，他们就要扩展自己的角色和责任。学校和其他教育机构有责任给教师提供机会，让他们建立更长远的职业目标，发现更长远的职业机会。

语言教学这一领域会经历迅速的变化。这是因为，一方面，这一职业领域需要对新的教育范式和趋势做出反应；另一方面，课程设置、全国统考和学生需求方面的变化也会让教育机构面临新的挑战。因此，教师需要定期更新他们的专业知识和技能，即：他们需要定期的职业发展机会。教师需要有机会参与活动如下：

- 进行自我反思和评估。
- 在教学的诸多方面培养专业知识和技能。
- 扩展科研、理论和教学问题方面的知识面。

- 扮演新的角色，承担新的责任。例如，扮演督学或导师、教师科研工作者或者教材编写者等角色。
- 培养同其他教师的协作关系。

本书对语言教师当前职业发展的方式进行了概述，特别针对的是那些新教师和寻求在职培训机会的教师。基于作者在世界各地发展和组织教师在职培训的经历，本书呈现了多种多样的方式，并且解释了实施这些方式的途径。本书从头到尾都充满了作者和教师本人对自身经历的叙述。他们在撰写日志、同行听课和教学档案这些活动中得到的经验为我们提供了令人信服的实例。这些实例告诉我们这些活动在什么时间如何发挥作用，并指出了这些活动的优点和局限性。

因此，本书会是一本有用的工具书，为教师、教师培训者、督学、导师及其他在各自的环境中对实施教师发展活动感兴趣的人士提供帮助。

杰克·C.理查兹

前言

本书考察了适合语言教师发展的各种不同方式。在今天大多数的学校和教育机构中,人们期望教师跟上本专业领域发展的步伐,定期审视和评估他们的教学技能,并且根据教育机构不断变化的需求来承担新的教学任务。有些老师还被指定为新教师的导师,为工作坊和其他职业活动做计划,在研讨会和学术会议上提交论文,并且为教学期刊和杂志撰写论文。人们还期望语言教学机构能够保持高专业标准,为教师寻求职业发展提供机会,还为这些教师提供条件,让他们通过合作来提高学生们的学习水平。

作为一本实用的入门指南,本书针对的读者是那些希望按照连贯和战略性的方式来实施教师发展的教师、管理者和协调员。尽管本书旨在为从业教师特别是新入行的语言教师提供一些观点,但是我们希望经验丰富的教师、教师培训者和督学也会从本书中发现许多有趣的内容。最近几年,世界许多地区的语言教师对他们自身的职业发展表现出了与日俱增的兴趣。这从世界范围内对以下活动的兴趣中可以看出,这些活动包括:语言教师的虚拟网络、行动研究、撰写日志和教学档案。同时,这些兴趣还表现在将上述活动和其他的一些活动作为基础来对教学实践进行批判性的反思。尽管针对这些问题,已经出版了大量的文章和一定数量的书籍,但把语言教学领域的职业发展作为整体来研究的实用入门图书还不多,介绍为实现这一目的所需要的活动和过程的实用图书也不多。本书就是为满足这一需要而撰写的。

本书考察了11种可以促进语言教学中职业发展的方式,这包括:工作坊、自我监控、教师互助小组、撰写日志、同行听课、教学档案、分析关键事件、案例分析、同行培训、合作教学和行动研究。另外,第一章对职业发展的实质进行了概述并为整本书提供了一个概念框架。

本书每一章都以通俗易懂和非专业的方式考察了在语言教学过程中教师发展的某一种方式。作者对每项活动的目标进行讨论的同时,也对运用每一项活动的方法及其优点和问题进行了阐述。另外,作者还提供了一些具体的例证(以带问题的花絮形式出现)。这些例证解释了来自世界不同地区的教师是如何在自己的课堂中展开这些活动的。这些花絮有些来自我们同这些教师的接触,有些来自对互联网、工作坊和研讨会上我们发出的邀请的回复。本书使用的都是教师的真名,除非教师提出匿名要求。每一个花絮最后的反思问题可以让读者思考如何在自己的教学环境中使用这一方法。这些花絮也可以作为调查研究的课题。这种安排的目的是要帮助教师和负责教师职业发展的人士从中选择最符合他们需求的活动,并让他们了解那些比较熟悉和不怎么熟悉的教师发展的方式。

本书反映了我们在语言教学领域教师进行深造和学习的方式,同时,也利用了我们来自北美洲和亚太地区的经验。在此我们要感谢那些对我们征集实例的要求做出回应的教师,也要感谢几位匿名的审稿者,他们为我们提供了有价值的反馈意见。同时，我们还要感谢我们的编辑安吉拉·卡斯特罗（Angela Castro），她的建议为我们准备即将付梓的书稿提供了极大的帮助。

杰克·C.理查兹

托马斯·S.C.法瑞尔

第一章

教师教育的实质

本书介绍了当语言教师结束了正规培训以后,如何能够继续自己的职业发展。本书还探讨了督学和管理者如何创造机会来进行职业发展的问题。最近几年,在语言教学领域,教师的不间断教育一直是一个反复出现的主题。并且随着诸如行动研究、反思教学、合作教学等体现教师主动性的活动的出现,人们又重新开始关注教师的继续教育。对于教师的长期发展以及教师所承担的长期性教学项目的成功来说,在职培训的机会是至关重要的。不断更新专业技能和知识的需求并不代表教师在培训方面的不足。这仅仅反映出这样两个事实:第一,并不是教师所需要掌握的所有知识都可以在其从业之前获得;第二,教学的基础知识也在不断变化。下面的花絮是一个实例。它展示了一名在韩国工作的教师管理自己职业发展的方式。

▶ 花絮

在亚洲教学两年之后,我还没有得到任何证书和教学资质,有的只是粗略的教学反思(为什么我的教学效果不好?)。于是,我去英国(我是美国人)参加了 RSA CTEFLA(向非英语国家成年人教授英语证书)的课程。这门课程令我感到困惑,因为讲的大部分都是欧洲的情况。这与向亚洲非英语国家人士讲授英语的情况关系不大。但是,这门课程给我提供了课堂反思的工具和参照点,并且使我能够开始独立阅读。7年之后,我开始学习外语教学的硕士课程。然而,正是这段休整时间给我提供了重要的职业发展机会。我是各种对外英语教学学会的热心成员,参加各种学术会议、阅读简报和期刊让我从当代同行们的行为和思想中获得了启发。我定期阅读专业材料,并且坚持每月写读书心得。尽管我有时候并不像研究生那样深入学习这些内容,但我会接触一些新观点。同时,我也有机会把这些观点同会议上的陈述、简报上的文章以及与同事定期交谈的内容进行比较。这让这些理论和实践在我自己的课程计划中具有了意义。在另一方面,我参加的大多数教师发展的活动对我的课堂教学帮助也不大,我还不如更好地利用这些时间来认真反思我上周的教学。我为自己制定的接下来几个月的目标就是要养成撰写反思性日志的习惯,并且每隔一两个月检讨和分析一下这些日志的内容。不幸的是,尽管有很多文章都在论述反思性日志的优点,却很少有文章教人们如何分析日志。因此,我需要做更多的研究。

罗伯特·迪基(Robert Dickey)

反思

- 在最近几年内,你的职业发展计划是什么?
- 你发现哪些有组织的员工发展活动益处最多?

正如这一实例所呈现的那样,在自己职业发展的不同时期,教师有着不同的需求。同时,这些教师所任职的学校和机构的自身需求也在随着时间改变。在课程趋势、第二语言习得研究、作文理论和实践、技术或评估等领域,教师都面临着强大的压力,需要更新他们的知识。而正是学校和课堂才能成为教师进一步职业发展的主要的动力源泉。

本书中所讨论的教师教育活动建立在以下假设之下:

- 任何一所学校或者教育机构中都有拥有不同程度经验、知识、技能和专长的教师。相互分享知识和经验是职业成长的一个珍贵的源泉。
- 当教师开始他们的职业生涯后,他们一般都积极地继续自己的职业发展道路。
- 有关语言教学和学习的知识处于一种不确定和不完整的状态,因此教师需要定期更新他们的专业知识。
- 教室不仅仅是学生学习的场所,也是教师的学习场所。
- 教师在自身的职业发展过程中能扮演积极的角色。
- 学校和管理者有责任为教师创造职业继续教育的机会并且鼓励教师参与这些活动。
- 要让这些继续教育变成现实,需要对其进行计划、支持和奖励。

以上实例解释了教师教育这一概念中另一个方面的关键问题:教师教育是一个在一段时间内发生的过程,而不是以正规培训或者研究生教育为开始和结束的事件。这一过程可以得到学校的支持,也可以由教师的自身努力来促进。本书会讨论这两种途径。尽管本书所针对的主要读者是一线教师,这里所讨论的活动要获得成功,仍然要依靠学校或教育机构中项目协调员和其他人的积极合作。在适当的时候,本书对这类读者的问题也进行了讨论。

一、教师培训和教师发展

1. 教师培训

在教师教育的范畴内，人们经常把两类目标概括为培训和发展。培训指的是那些直接关注教师当前责任的活动。这些活动的典型特征就是要实现短期或者眼前的目标。通常，培训被看成是为首次承担教学工作所做的准备，或者为承担新的教学任务和职责所做的准备。培训要求教师理解基本概念和原则，因为这是把它们应用到教学中的前提。另外，培训还要培养教师在课堂中展示原则和实践的能力。教师培训还包括在课堂中、在监控和督导下，实践新的教学策略，并且从他人那里获得针对自己教学实践的反馈意见。培训的内容通常由专家来确定，并且通常有标准的培训格式。培训的内容也可按照培训手册中的规定来制定。以下就是一些培训目标的实例：

- 学会如何使用有效的策略来开始一堂课。
- 灵活使用教科书来满足课堂的需求。
- 学会如何在讲课中开展小组活动。
- 使用有效的提问技巧。
- 使用辅助教学手段和资源（例如录像）。
- 为学生的表现提供反馈意见的技巧。

一个大规模的培训实例就是最近在新加坡学校中进行的为期六十小时的在职培训项目。该项目的培训内容是利用课文来讲解语法，并且该培训项目要求新加坡所有中学英语教师都必须参加。该培训课程的内容由第三方剑桥大学考试委员会（UCLES）和新加坡教育部提供。该培训项目由 3 所教育机构实施,一共进行了 24 个月。在这一案例中,进行培训是为了帮助教师在语法教学和课文分析之间建立联系。

2. 教师发展

发展通常指的是总体上的进步,而不是关注某一项具体的工作。它有一个长远的目标,旨在帮助教师对教学和自己的教师身份加深理解。发展通常包括考察教师教学实践在不同层面上的问题,并把这些问题作为反思和检讨的依据。因此,教师发展可以被看成是一种"自下而上"的活动。

以下实例就是一些来自发展角度的目标:

- 理解第二语言发展过程的产生方式。
- 根据教学对象的不同,理解我们角色的转变方式。
- 理解在课堂中会有哪些决策。
- 检讨我们语言教学的理论与实践。
- 建立对不同教学方式的理解。
- 确定学习者对课堂活动的看法。

教师发展策略通常包括:记录下不同种类的教学实践;对教学实践进行反思性分析,检验信念、价值观和原则;与同事谈论核心问题;与同事协作开展课堂项目。然而,尽管教师可以通过自我观察和批判性反思学到有关教学的许多知识,但还有很多东西是通过这种方法无法学到的,例如,课题知识、教学专长以及对教材和课程的理解。因此,职业发展应当超越自我和个人反思的范畴。例如,它可以包括探索语言教学新的趋势和理论,熟悉课题知识的发展,如教学语法、作文理论或者体裁理论,用批判的思维去考察学校和语言项目的组织和管理方式。

以下花絮来自一名柬埔寨的青年英语教师。他向我们展示了他是如何看待自己眼前和长期的发展需求的。

花絮

我在柬埔寨获得了对外英语教学的硕士学位，并且学习期间在一所私立学校兼职。毕业后，我在大学里找到了一份工作，到目前为止已经任教两年了。我的兼职工作是我教师职业发展的起点，并且这一经历让我能够把大学课程同课堂实践联系起来。在大学开始任教之前，我有两个月的时间同一些高级讲师和课题协调员共事，目的是熟悉自己将要执行的任务。自从我在大学任教以来，我也试图听其他老师的课并且向他们学习。我还参加了一门计算机培训课程。在此期间我最重要的经历就是生平第一次参加在金边举行的国际会议。现在，我珍惜每一次针对职业发展的研究机会。在我任职的院系中，员工职业发展活动（这种活动的形式大多是由经验丰富的高级讲师带领的讨论会）对我帮助也很大。我也为我们的学生们组织了口语俱乐部，从中我了解到了课外活动在语言学习中的重要性。我目前所面临的主要挑战就是班级人数多以及图书馆缺乏最新的图书和资料。我希望将来有机会接受进一步的培训。

陈·维拉克(Chan Virak)

反思

- 在你的学校中，教师之间的合作有多少？这些合作是以什么形式开展的？
- 在最初几年的教学过程中，语言教师所面临的一些问题是什么？

二、理解教师学习

教师教育过程的依据来自教师职业发展的实质和教师发展产生方式的假说。这一领域被称为教师学习（Freeman & Richards, 1996），其内容涉及对以下问题的探索，例如：教师知识的实质是什么？它是通过什么方式获得的？在教学和学习教学的时候，我们运用了哪些认知过程？有经验的教师和新手的区别在哪里？这些问题本身取决于我们自己对语言教学实质的认识，以及我们对知识、态度、技能和所运用的教学过程的理解。

三、教师学习的概念

最近和过去的教师教育过程可以反映一些教师学习的观念。尽管这些观念有时有所重叠，但不同的理论家对其可能有不同的理解，它们仍然可以形成教师教育的不同方式。

1. 教师学习是技能学习

这种观点把教师学习看成是培养一系列不同技能和能力的过程。掌握这些技能和能力可以为教学带来成功。教学过程可以被分割成一些互不相关并且可以依次掌握的技能。这种学习方式中要掌握的技能（如提问、解释和介绍性语言）都被认为与良好的教学效果密切相关。这种观点认为教师培训包括介绍和效法技能，并为教师提供掌握这些技能的机会。

2. 教师学习是认知过程

这种方式把教学看成是一个复杂的认知活动并且关注教师

信念和想法的实质,以及这些信念和想法如何影响他们的教学和学习。这种观点强调"教师是积极的有思维能力的决策者。他们以复杂的实践性、个人性,以背景为基础的知识、想法和信念的网络为基础,做出教学的选择"(Borg,2003,p. 81)。在教师教育过程中,这种方式鼓励教师探索他们自己的信念和思考过程,并考察这些因素如何影响他们的课堂实践。这些过程包括自我监控、撰写日志和分析关键事件。

3. 教师学习是自我建构

这种教育理念基于这样的认识,即:知识不是由学习者被动接受的,而是由他们主动建构的。学习被看成是重组和重建的过程。并且,学生通过这些过程掌握知识,新知识也会融入学习者个人的知识框架中(Roberts,1998)。在教师教育中,这种看法强调教师个体和自身对学习以及对课堂理解的贡献。在这种教师教育中使用的活动关注自我意识和个人诠释力的培养。而这种培养是通过诸如撰写日志和自我监控等活动来实现的。

4. 教师学习是反思实践

这种对学习的看法所依据的假说是通过集中反思教学经历的实质和意义,教师可以从自身的经历中学到东西(Schon,1983;Wallace,1991;Richards & Lockhart,1994)。反思被看成是对经历进行的关键检验(critical examination)过程。这一过程可以让教师更好地理解自己的教学实践和日常行为。在教师教育中,这一过程会带来反思性教学的概念,即:在教学过程中收集自己的教学信息。这可以作为批判性反思的根据。可以通过自我监控、观察和案例学习等步骤来收集信息。

本书讨论的教师发展活动并不局限于某个单一的教师学习

理论。因为我们认为,教师可以从建立在各种不同教育理论之上的学习过程中获益。尽管如此,本书自始至终讨论的大多数活动可以被认为反映出这样一个观点,即:教师学习是一个认知过程、自我建构过程和行动反思过程。

四、新手和专家

教师发展的意义还可以从另外一个重要的层面上理解,即:区分新教师和有经验的教师。尽管语言教学的专长仍然是一个有待探索的领域,然而新手语言教师和有经验的语言教师之间的一些区别似乎取决于"他们对工作情况的处理方式,也就是他们对教学的认识和理解。这种认识和理解也来自这些工作情况"(Tsui,2003,p.245)。有经验的教师所表现的不同之处在于他们对自己的所作所为的感知和理解。以下列举了其中的一些不同:

- 更加丰富和全面的基础知识。
- 综合使用不同种类知识的能力。
- 根据过去的经验,做出正确的直觉判断的能力。
- 渴望调查和解决各种各样的教学问题。
- 对学生及其学习情况的更深入的理解。
- 对促进教学的教学目标的感知力。
- 更好地理解和使用语言学习策略。
- 对学习环境的更强烈的意识。
- 教学中更多的灵活性和自主性。

有经验的教师对待工作的方式也与新手有所不同,因为他们知道典型的课堂活动、可能遇到的问题以及其解决方法是什么样的(Berliner,1987)。相比之下,新教师一般对所面临的课题、教学策略和教学背景不太熟悉,并且缺乏对"大脑计划和常规行为"的储存。

下面的花絮来自一位美国教师,它向我们展示的不仅仅是硕士学位对讲授非母语英语课程的影响,还包括这位教师在职业发展过程中通过同其他经验丰富的教师一同工作所得到的灵感。

▸ 花絮

我在明尼苏达州立大学获得了讲授 ESL(英语作为第二语言水平考试)的硕士学位。更重要的是,从我职业生涯的一开始,我就在各种不同的 ESL 和 EFL(英语水平考试)的项目中工作。我很幸运,因为我总是能和某些领域的专家接触。于是,在吃午饭的过程中,通过和他们交谈,我能够了解该领域最新的研究进展。在我的职业生涯中,对我帮助最大的就是同这些智慧人士的非正式接触。也正是通过这种方式,我对词汇教学、用语料库来促进教学以及撰写教材产生了兴趣。对我帮助很大的还有我在明尼苏达州立大学上过的语言学分析和英语句法课程。但是,我上的教学法课程无非就是对 20 世纪七八十年代流行的教学"方法"的概述。这些课程对我帮助不大,因为我在教学中从未应用过这些内容。

拉里·泽维尔(Larry Zwier)

▸ 反思

- 从你开始教学以来,你是否能够把你学到的对外英语(第二语言)教学的知识应用到课堂中?
- 教师和学校如何能够最好地发挥有经验教师的专长?

全书所讨论的许多教师发展活动的宗旨是要使得不同水平的教师能够通过同行听课、合作教学、辅导、小组讨论、共同计划和解决问题等方式来达到合作的目的。

五、个人和机构视角

1. 个人视角

职业发展既面向机构目标,也面向教师自身的目标。实现个人进步和提高整个院系的表现可以同时进行。大部分的学校都在努力实现这两个目标。以上的花絮向我们显示,教师一般都对增加自己的专业知识、了解最新的本领域的理论和实践以及提高自己的教学技能感兴趣。这样,他们就能对自己所讲授的内容更加充满信心,并且可以在教学中取得更好的效果。他们还可能对阐明和理解原则、信念、价值观感兴趣。同时,他们还对其任教的学校的性质和价值观感兴趣。从教师个人来说,他们就会充满工作动力。这些都可以被看成是教师发展的例证。从教师个人发展的角度来说,我们可以找到其职业发展的若干领域:

- 课题知识。增加对外英语教学的学科知识,即:英语语法、语篇分析、音系学、测试学、二语习得研究、方法论、课程设计和其他语言教学方面的专业基础知识。
- 教学专长。掌握新的知识领域,丰富自己的教学专长,针对不同年龄和不同背景的学习者,提高教授不同语言技能的能力。
- 自我意识。了解自己是怎样的教师,自己的原则和价值观,以及强项和弱点。
- 了解学习者。加深对学习者、学习风格、学习者的问题和难处的了解,以及帮助学习者更容易地掌握教学内容。
- 对课程和教材的了解。加深对课程和替代课程以及使用和开发教学资料的了解。

- 职业提升。为个人的进步和提升而获取必需的知识和专长，包括督学和辅导技能。

2. 机构视角

在很多情况下，通过教师培训，教师们为最初几年的教学任务做好了足够的准备。新教师的教学工作量一般比较大，而且他们一般讲的是更"基础"和不太容易出问题的课程。然而，他们通常还存在这样一个问题，即：他们上岗前所上的培训课程一般都是一些比较笼统的课程，有一点理论性，但又和他们的教学任务并不直接相关。因此，如果想要了解更多的东西，他们还需要在工作中学习。这一点在上文的花絮中可以看到。

然而，教师在工作一段时间后，他们的知识和技能有时就变得过时了。或者，教师所掌握的知识和技能已经不符合学校的需要了。例如，教师可能要承担更艰巨的教学任务，而在这方面，他没有接受过任何正规训练，比如准备和指导入学考试。另外，随着人员的变动，教师可能要承担新的教学任务，而这些教学任务以前不是由他负责的。再比如，一名骨干教师可能会离职，因此别人就要接手他的课程，而这些人并不具备这名教师的专长。这样，随着这些领域的知识更新，教师的资历很快就会过时。

对于学校来说，应对这一问题最实际的办法就是给教师创造条件，让他们能够获得自己所需的知识和技能。在这种情况下，教师发展主要是根据学校的需求应运而生的。因为教师发展指的是学校或者机构中的发展活动，这通常又被称为员工发展并且经常以在职培训的方式进行。其目的是要直接或者间接改善整个机构的表现，同时也不时地促进教师的个人发展。因此，它包括以下目标：

- 机构发展。改进学校整体的表现,也就是让学校的表现更加成功,吸引更多学生并且获得更好的学习效果。大多数成功的组织都把员工的培训和发展放到重要的位置上。
- 职业发展。通过给教师提供必要的知识和技能的培训项目也会让他们得到进一步的职业提升,让他们获得机构中更高的职位(如高级教师和协调员)。由此带来的对工作的满意感会让教师的表现更为出色并能更好地留住教师。
- 学生学习成绩提高。提高教育机构中学生的成绩是一个重要的目标。这一目标的重要性不仅仅在于学生成绩的提高,还在于提高机构和教师的声誉。

从学校的角度看,职业发展活动的目的不仅仅是提升教师的表现力,也是要给学校带来整体益处。因此,应该为所有的员工提供职业发展机会。项目协调员当然需要取得对外英语教学的硕士学位,但是新聘用的教师也可能需要接受培训,让他知道如何使用录像这种教学资源。这两种培训需求都很重要,因为一个学校项目的成功既取决于课程的质量也取决于年轻教师的教学技能。提高教学技能和掌握新信息、理论及新的见解的目标并不在于它们本身。它们都是机构发展过程的一部分。教师主动在新西兰文学领域获得了自己的专长是值得称赞的,但是这可能同学校的目标毫不相关。伯恩斯(Burns)指出,诸如行动研究那样的职业发展活动"被融入学校或者机构的变化后就会变成一股强大的力量。这会促进学校课程设置的更新并且确保语言教师对课程的实施拥有更大的自主权"。

乔伊斯(Joyce)总结了教师发展可以促进机构进步的五个层面:

- 同事间的凝聚力。通过发展员工内(以及更加广泛团体内)凝聚性和职业性的关系来创造一种文化。在这种文化氛围内，面向未来的"开放性"教学改革和日常工作得到重视。

- 研究。让员工们熟悉学校改革、教学效果等方面的研究成果。这会促进"内部"发展。
- 现场信息。为员工创造条件并且鼓励员工从学生、学校和变革带来的效果中收集和分析数据。这既可以作为正式评价的一部分，也可以以非正式的方式进行。
- 课程管理。同其他人协作，为他们特定的课程领域以及学校其他方面的课程领域带来变化。
- 主动指导。使员工能够通过独创的教学技能、积累的教学方法和特定的教学风格及方式等来发展自己的教学技能。

六、协作学习和自学

1. 协作学习

尽管教师发展可以通过教师的主动努力来实现，但通过同他人的协作来促进个人学习也可以成为一个机构的集体目标。大多数成功的组织都依赖人们在团队中的有效合作。然而在学校中，要特别强调团队合作精神，因为教学一般被认为是一项个人活动。以集体协作形式开展的职业发展目标就是鼓励教师之间更多互动，通过相互辅导而互相学习，分享技能、经验和解决共同问题的方法。学校被看成是一个学习的团体。协作职业发展项目使人们能够分享任务和责任。要在学校中培养一种合作的文化氛围，就要为教师提供共同工作和学习的机会。通过参与以分享目标和分担责任为目标的小组活动以及共同解决问题等方式，这种工作和学习得以实现。合作关系为教师创造了新的角色，比如团队领导、教师培训者或者挚友。合作能够变成一种可以指导教师发展过程的价值观。它的理论根据是"人的道德和社会能力。这种能力使人能够通过大量不同形式的互惠、互利、给予和获取等方式来扮演对方的角色"(Brody & Davidson, 1998, p. 6)。然而，成功的协作学习不能想当然地实现，而是需要认真的计划和监控。以下花絮来自在菲律宾工作的一名教师。她向我们解释了在教师发展的过程中，与他人协作所起到的至关重要的作用。

花絮

我从我们市里一所最好的私立大学中获得了英语专业的学位。但这并没有使我的教学职业容易多少。当我开始教学的时候，我发现自己应对课堂的方式十分有限，我甚至不知道自己用的是什么教学方法。我完全依赖与学生课本配套的教师手册，并且我也只能从同事那里获得教学建议。我觉得自己没有做好教学工作，而且我意识到自己需要继续学习。每天我要面对课堂中的 60 名学生，这迫使我阅读一切可以找来的书籍，进行试验并且向更有经验的教师请教。

幸运的是，我被派去参加了几次本地区及全国范围内的培训研讨会和工作坊。参加这些课程和工作坊提高了我的技能，使我更好地胜任英语教师的工作，并能让我对在教学工作中面临的"严峻考验"迅速做出调整。我有幸被邀请参加一个团队，为中学制定教学大纲。我从这一过程中学到了很多东西。进行科研以及同小组成员一同工作丰富了我的经历。从经验比较丰富的同事那里，我认识到在备课的时候考虑学生的兴趣和水平的重要性。同时，我了解到，利用学生的反馈来对自己的教学进行必要的调整也很重要。

我知道自己 5 年的教学经历并不算长。我认为仍然需要强化自己的学科知识,学习新的教学方法,花更多的时间与同事合作,审查提出的新标准并且寻找创新方法来提高学生的成绩,推动教学质量的提高和激励学生。目前,我正在完成一门应用语言学领域的学位课程。这给我提供了许多机会来开发、掌握和反思与学生合作的新途径。

阿里·安努定(Ali Anudin)

反思

- 课堂中的哪些现实情况是大学学位不能为教师准备好的?
- 你认为在小组项目中教师可以学到什么?

2. 自学

最近几年,教师发展中一个重要的方向就是从"外部途径"转移到"内部途径"。前者通常建立在教师应用于自己的环境中的专业知识与通用理论和原则的基础之上;后者则是本地方式。这些教学方式鼓励教师探索自己的环境,并且用课堂中发生的情况来构建自己的知识和理解。在自学过程中,教师承担起建立自我发展的目标的责任,以及管理和控制自学的责任。

教师发展中向自学方式转变的原因包括以下几点:一是远离专制和组织机构,走向更加民主和个性化的教师发展形式;二是把职业发展的责任从管理者和监督者身上转移到教师身上;三是教师对于经验导向学习和行动导向学习的功效的认可。

自学的中心步骤包括以下几点:

- 提问。针对自己教学实践提问,并且寻找回答这些问题所需的信息。
- 自我评价。根据自己和他人的证据,评价自己的教学和发展,评价自己批判性反思的能力,以及评价自己通过分析找出自身优缺点的愿望。

- 经历。个人经历变成了学习的基础和动力。
- 个人建构。学习者个人建构意义。
- 情景学习。学习是在一定的语境和社会背景下发生的,并且是经过社会建构的。
- 计划和管理。学习取决于建立短期和长期目标的能力,以及为了实现目标而选择正确的学习策略的能力。

本书中所讨论的许多教师发展活动都指出了自学的关键作用。

教师在职发展的过程中可以使用许多不同类型的方法和步骤。在本书的余下几章里,我们将考察各种可供选择的方法,思考它们的用处并且描述实施它们的步骤。我们将会思考适用于个人的、同事合作的、小组的和按照机构要求进行的活动。本书将在合适的地方讨论教师个人以及督导和管理者的视角。正如表一所显示的那样,有些活动可以使用不止一种方式来开展。

表一 教师发展活动

个人活动	一对一活动	小组活动	机构活动
自我监控	同行培训	案例研究	工作坊
撰写日志	同行听课	行动研究	行动研究
关键事件	同事互助	撰写日志	教师互助小组
教学档案	行动研究	教师互助小组	
行动研究	关键事件		
	合作教学		

七、实施职业发展:教师视角

教师可以对自己职业发展的许多方面进行规划。尽管机构可以并且也应当在培养教师主动性方面起到重要的作用,但本书讨论的大多数活动和过程可以由教师主动开展。以下的指导方针反映了教师的视角。

确定你要了解自己教学的哪些内容以及哪些领域。

尽管你可能已经为当教师做好了准备,但你的职业发展并不会伴随着你专业资格的取得而结束。在计划你的职业继续教育发展的过程中,第一步就是要确定你的短期和长期目标。这些目标可能包括:

- 更好地了解该领域。
- 更好地了解学习策略,探索方法,把这些策略应用到教学中。
- 找到更有效评价学生的方法。
- 改进教学中需要检讨的方面。
- 加强对英语语法以及教授语法的理解。
- 与同事一起参加协作性的教材开发项目。
- 学习如何计划和评估一门语言课程。

因此,职业发展的起点就是你认为重要的教学问题以及你想要进一步了解的问题,并找出一个策略来探索你感兴趣的课题。

本书将向你介绍一些促进职业发展的不同方式。哪些活动看上去最能帮你澄清要探索的问题?哪些活动可以帮助你实现目标?我们建议你先从一项简单的活动开始,比如自我监控或者同行听课。这会让你对自己感兴趣的题目产生一些最初的想法。随后,你可以决定是否要在完成最初的调查研究后继续进行诸如同事培训或者行动研究等活动。

1. 同参加过职业发展的人士交谈

试图会见那些参加过你想尝试的教师发展活动的同行,并同他们交谈。互联网是实现这一目的的绝好方式,因为它能够帮助你联系到那些与你有着共同兴趣和顾虑的教师。在同其他教师以及互联网的同事交谈的时候,你可以了解他们在撰写日志和合作教学等活动中的经历,他们是如何进行这些活动的,他们从活动中收获了什么以及他们会为要开展类似活动的人提供什么建议。

2. 确定你需要什么样的支持

本书中所讨论的许多活动并不需要协调员或者管理者的支援。然而,诸如同行听课、合作教学和同行培训等活动会受益于机构的支持。在这种情况下,就需要与同事讨论这一活动的目标,并且商讨可以获取的支持。

3. 找一位或者多位共事的同事

为了在实施教师发展策略或者活动中获得帮助,你可能需要同一位或者多位同事共事。在你调查问题的时候,你需要找一位可靠的同事共事。这种关系可以表现为同事互助、合作教学、同行培训或者教师互助小组等形式。

4. 确立符合实际的目标并确定时间表

不要低估你所选择的活动所需要的时间,这一点很重要。只有你自己才能最好地判断出自己能够付出多少时间写日志、合作教学、参加小组讨论等。在计划活动的时候,你应当确定根据你的感觉这一活动什么时候可以达到预期目标?你的互助小组多长时间见一次面?你多长时间写一篇日志?你和同事多长时间进行一次相互听课?通常,你第一次进行的活动应当被看成是一次实验活动。这次活动能够帮助你判断是否要按照自己的经验对其进行微调或者修改。

5. 评估你学到的东西并与他人分享结果

一旦你完成了一项诸如合作教学、写日志、案例研究等活动或者整理完了一次档案，你要回顾并检讨一下你从这一过程中学到的东西，并且看一下这一过程是否可以改进或者修正。如何与同事分享自己学到的东西呢？（参看以上的讨论）

八、实施职业发展：机构视角

从目前所讨论的内容可以看出，无论是从个人还是机构的视角来看，教师发展都不应当随意进行。以下的指导方针反映了机构在实施教师职业发展项目中所扮演的角色。

1. 确定机构和教师的需求

一项战略性的职业发展方式开始于需求分析。这里的需求分析指的是机构的需求和预期的教师需求。前者可以指高级教师和管理层的判断，而后者可以通过与教师的非正式交谈、正式问卷调查或者其他收集信息的方式来进行（比如员工会议）。对机构来说，评价通常被当成一种用来确定教师职业发展需求的方式。作为对自己的需求和利益进行回顾反思的过程的一部分，这一过程通常在管理者、辅导者或者教师自己的促进下才能够进行得更加顺利。

需求分析通常包括个人以及作为一个整体的机构的需求。在个人层面上，在某一项目中要找出适用于不同教师的培训和发展领域，并要通过建议一些策略来帮助他们实现目标。例如，可能发现学校需要一名计算机辅助语言学习的专家、儿童教学专家或者商务英语教学专家；如果不聘用额外的员工来满足这些需求的话,就一定要为现有的员工提供机会来获得这些知识和技能。

然而,在确定机构的需求的时候,要意识到在确定目标时,职业发展研究强调横向决策的重要性(Sparks,2002)。狄埃兹·马格里(Diaz Maggioli,2003,p. 4)指出:"比起那些采取自上而下的计划方式的项目,即管理者替教师做决定的项目,如果项目参与人都参加所有活动的计划、组织、管理、提交和评估工作的话,该项目的成功概率会更大。"

2. 为职业发展确立目标

从需求分析中获得的信息为确立机构和个人职业发展目标奠定了基础。既要找出长期目标,也要找出眼前目标。有时,机构对需求的感觉同教师对个人利益的认识可能有所不同。易璐特(Eraut,1995,p. 250)指出,在规划教师发展活动时:

- 要对变动进行管理和分阶段进行,否则会给一个人施加更多的要求。教师发展也需要在一段时间内进行规划。这样,就会把要求保持在一个实际的水平上。
- 要为每一项教师发展活动提供资源和支持。适当的资源和支持能够使该项活动在合理的预期内实现目标。把资源分配到过多的单独活动中会使得这些活动都达不到好的效果。
- 最好同每一位教师就教师的需求和学校的需求之间的平衡进行协商。在正常情况下,教师职业发展规划应当兼顾这两方面的因素。

3. 选择参与者

正如以上指出的那样,并且本书自始至终都会解释这一点,即:职业发展活动既可以由个人承担,也可以作为一个协作项目来进行。在一所学校或者机构中,我们需要认真考虑任何把两种活动以合适的方式结合到一起的行为。在学校中,可能有一些教师在诸如撰写日志、行动研究或者课堂录像等活动中已经具有了某种程度的专长。他们可以给第一次想要参加这些活动的同事提供一些实际的建议。如果要进行小组活动,决定小组或团队成员的步骤要被确定下来。在一所学校中,在学年的一开始校长首先向大家分发了一张表,上面列举了教师可能感兴趣的不同种类的专业活动。教师在表上表示自己对哪些特定的活动感兴趣并且指出自己想要参加这些活动的原因。这些信息被用来为这些参加活动的教师做出初步的规划。

4. 重要的考虑

库珀和包迪(Cooper & Boy, 1998, pp. 58 - 59)指出,传统的员工发展模式经常忽视成人学习的原则。这些原则包括:成人的发展是同自我价值和效能相联系的;成人通过参与来学习;学习必须同他们目前的理解相联系。并且,成人学习是一个持续的身份塑造和再塑造的过程。因此,在教师发展项目中,需要反映出的原则包括:

- 有机会尝试新的实践并在学习过程中发挥主动性。
- 在不断的指导下,认真反思和讨论提出的变化,花时间分析自己的经历,因为经历是成人学习中最丰富的资源。
- 在变化的过程中对参与者的个人支持。
- 在项目风格、时间安排和学习进度上要体现出差异。

针对教师在职发展的方法和步骤种类繁多。本书的目的就是要考察各种不同的选择,分析它们适用于什么目的,并且描述实施这些选择的步骤。

5. 提供支持

要实施职业发展活动,支持是至关重要的。这包括机构支持和同事支持,其形式也多种多样。例如:

- 通过一系列的文章和报告为执行不同种类的活动提供例证和指导方针(这也是本书的主要目标),并以这种方式为教师提供信息。
- 为教师提供平台,让他们开会审察活动的进展。
- 安排参观其他合适的学校,目的是要观察这些学校是如何开展和支持活动的。
- 为持续的审察和反馈提供时间,以便了解活动进展的情况。

狄埃兹·马格里(Diaz Maggioli,2003,p. 5)指出:"当长时间付出了努力并且支持体系存在时,职业发展的真正影响就会产生。这种支持体系使得参与者能够效法有经验的同事,并且从他们那里获得建议。"

6. 评估学到的东西

一项活动开展以后,重要的是要审查它的实施效果、从中学到了什么以及同他人分享自己的发现,以便确定这些内容是否值得向他人推荐。需要处理的情况包括:

- 描述:报告所发生的事情、所花的时间、所用到的资源以及所遇到的问题。
- 证实:证实活动中获得了有用的成果。
- 改进:就活动的改进或者进行更加广泛的应用提出建议。

柯尔克帕克里克(Kirkpatrick,1988)提出,可以从四个层面衡量组织的培训和发展活动的评估结果:

- 反应。在这次经历中以及经历刚刚结束的时候,人们的感觉如何?
- 学习。在知识、技能和态度方面他们学到了多少东西?
- 表现。经过这次学习经历以后,他们的表现有什么不同?
- 组织获益。组织获得了哪些额外的益处?

布鲁克、于和王(Brock, Yu, & Wong)在反应和学习层面上评估了他们的学习经历并且确认了审查职业发展活动的重要性。他们参与协作性的撰写日志活动。尽管他们对自己经历的整体评价都是正面的,但他们仍然强调这项活动太耗费时间并且有时候还会成为负担。他们得出的结论是,如果他们在写作上重点更加突出的话,即:把重点集中在一些突出的问题上而不是同时处理很多问题的话,这种经历就不会那么耗费精力了。

7. 传播结果

为了要强化职业发展活动的协作的益处,要找出一些渠道与他人分享这些探究的结果。因为想了解这些结果的主要对象是机构中参与的教师和同事,故建立在学校的网络是呈现这些结果的最佳平台。有多种不同的方式可以传播这些结果。这包括:

- 简短的项目书面报告。这一报告可以分发给任何感兴趣的人(这样的文件可以帮助其他教师评价在他们自己课堂中开展类似活动的可行性和益处)。
- 利用午餐时间或者用其他方式向同事展示。
- 用简报或者电子邮件记录这一项目。
- 在会议上展示。
- 在专业杂志或者期刊上记录这一活动。
- 利用工作坊探究发展活动中出现的问题。

参考文献和拓展阅读

Berliner, D. C. (1987). Ways of thinking about students and classrooms by more and less experienced teachers. In J. Calderhead (Ed.), *Exploring teachers' thinking* (pp. 60 - 83). London: Cassell.

Borg, S. (2003). Teacher cognition in language teaching: A review of research on what language teachers think, know, believe, and do. *Language Teaching*, 36(2), pp. 81 - 109.

Brock, M., Yu, B., & Wong, M. (1992). Journaling together: Collaborative diary-keeping and teacher development. In J. Flowerdew, M. Brock, & S. Hsia (Eds.), *Perspectives on second language teacher education* (pp. 295 - 307). Hong Kong: City Polytechnic of Hong Kong.

Brody, C. M., & Davidson, N. (Eds.). (1998). *Professional development for cooperative learning: Issues and approaches*. New York: State University of New York Press.

Burns, A. (1999). *Collaborative action research for English language teachers*. New York: Cambridge University Press.

Cooper, C., & Boyd, J. (1998). Creating sustained professional growth through collaborative reflection. In Brody & Davidson, pp. 26 - 49.

Crandall, J. A. (2000). Language teacher education. *Annual Review of Applied Linguistics*, 20, pp. 34 - 55.

Diaz Maggioli, G. (2003). Fulfilling the promise of professional development. *IATEFL Issues* (August-September), pp. 4 - 5.

Eraut, M. (1995). Developing professional knowledge within a client-centered orientation. In Guskey & Huberman, pp. 227 - 252.

Freeman, D. (1982). Observing teachers: Three approaches to in-service training and development. *TESOL Quarterly*, 16(1), pp. 21 - 28.

Freeman, D., & Richards, J. C. (Eds.). (1996). *Teacher learning in language teaching*. New York: Cambridge University Press.

Glover, D., & Law, S. (1996). *Managing professional development in education*. London: Kogan Page.

Green, G. (2002). *Training and development*. Oxford: Capstone Publishing.

Guntermann, G. (Ed.). (1993). *Developing language teachers for a changing world*. Lincolnwood, IL: National Textbook Company.

Guskey, T. R., & Huberman, M. (Eds.). (1995). *Professional development in education*. New York: Teacher's College, Columbia University.

Head, K., & Taylor, P. (1997). *Readings in teacher development*. Oxford: Heinemann.

Joyce, B. (1991). The doors to school improvement. *Educational leadership*, 48, p. 8.

Kirkpatrick, D. L. (1988). *Evaluating training programs: The four levels*. San Francisco: Berret-Koehler.

Richards, J. C., Li, B., & Tang, A. (1998). Exploring pedagogical reasoning skills. In J. C. Richards, *Beyond training* (pp. 86–102). New York: Cambridge University Press.

Richards, J. C., & Lockhart, C. (1994). *Reflective teaching in second language classrooms*. New York: Cambridge University Press.

Roberts, J. (1998). *Language teacher education*. London: Arnold.

Rolheiser, C., & Stevahn, L. (1998). The role of staff developers in promoting effective decision-making. In Brody & Davidson, pp. 50–62.

Schon, D. A. (1983). *The reflective practitioner*. New York: Basic Books.

Sparks, D. (2002). *Designing powerful staff development for teachers and principals*. Oxford: National Staff Development Council.

Tjepkema, S., & Wognum, A. A. A. (1999). Human resource development in a corporate setting from an organizational point of view. In A. Visscher (Ed.), *Managing schools towards higher performance* (pp. 245–285). Lisse (Netherlands): Swets and Zeitlinger.

Tsui, A. B. M. (2003). *Understanding expertise in teaching: Case studies of ESL teachers*. New York: Cambridge University Press.

Wallace, M. (1991). *Training foreign language teachers: A reflective approach*. Cambridge: Cambridge University Press.

第二章

工作坊

本书中所讨论的许多活动也许对教师来说是陌生的,并且,如果要成功地实施这些活动,就需要教师对其进行某种程度的规划。根据我们的经历,工作坊通常是探索诸如行动研究等活动所包含的内容、优缺点以及别的教师是否会对其感兴趣的最好的方式。然而,工作坊经常以一种无所谓的态度来开展,有时在没有事先进行大量的思考和规划的前提下就付诸实施。考虑到工作坊在为教师主动开展不同的职业发展活动的中所起到的重要作用,我们在本章要考察工作坊的实质,并提出一些可用于支撑我们在本书中讨论的活动的方法。

一、工作坊是什么

工作坊是一项短期集中学习的活动。开展工作坊的目的是要提供掌握专门知识和技能的机会。在工作坊中,人们期望参与者能学到一些将来可以用到课堂中的东西,并且对某个课题有实践动手经验,比如设计听课方案或者进行行动研究。工作坊还可以为参与者提供机会,让他们考察自己对教学和学习的看法及信念,并利用这一过程来反思自己的教学实践。工作坊可以针对机构改革和个人发展的问题来开展。这种活动通常由一位被公认的在工作坊所涉及领域有经验的专家带领。根据我们的经验,工作坊式的学习对教师尤其适合,因为工作坊可以在教学时间之外开展(比如在周六)。尽管第一个针对教师的工作坊在 1936 年才出现(O'Rourke & Burton, 1975),但在教师职业发展活动中,它已成为最常见和最有效的形式之一(Richards, Gallo, & Renandya, 2001)。以下的花絮简要地叙述了一名教师是如何决定参加工作坊的。

花絮

我最近参加了一个关于在自己课堂中进行科研的工作坊。我觉得这听起来很有意思,因为我想在将来读硕士学位。我觉得参加工作坊能够帮助我为这件事做准备。不过我也有些担心这种学习可能有些过于专业而不怎么实用。然而,我惊喜地发现,工作坊的领导组织工作坊的方式非常特别。我们大部分的时候都进行小组活动并且在活动开始后的一个小时,我们要找出在自己课堂中可以研究的课题。然后,我们考虑了收集和分析数据的不同方式,并且一起研究了工作坊领导所准备的一些案例研究。我们还讨论了研究过程中的道德问题。这是我以前从未考虑过的。对我来说,这是一个非常成功的工作坊,因为当我离开工作坊的时候,我对做课堂研究更加充满信心。在同其他教师碰面分享我们一些经历的过程中,我也享受到了快乐。

艾瑞克·哈姆森(Eric Harmsen)

反思

- 你有没有参加过成功的工作坊?你觉得这些工作坊成功

的原因是什么？
- 在工作坊中，你想要探索哪些问题？

工作坊与职业发展中经常使用的学习方式（例如研讨会）有所不同。在研讨会中，通常是一组经验丰富的人员讨论某一问题或者相互交换信息和经验。同工作坊一样，带领研讨会的人通常也是某一领域的专家。但在研讨会当中，参与者可能同会议主席一样经验丰富和知识渊博。在研讨会和工作坊中，所有的参加者都需要积极地参与，尽管参与的形式有所不同。正如它的名称所暗示的那样，在工作坊中，人们要完成工作，目标是要以协作的方式探索和解决问题。

二、工作坊的益处

我们已经发现，在教师发展活动中，工作坊是一种强有力和最有效的形式之一。对于语言教师来说，工作坊式的学习有诸多益处。

- 工作坊可以提供来自专家的信息。正如我们在第一章所讨论的那样，语言教学中自我职业发展（通过撰写日志、听课和整理档案）可以学习到很多有关教学的东西。教师们通常需要专家帮助他们熟悉诸如档案评价、课堂研究和可供选择的评估方式等专题，但并不是所有的工作坊都有来自专家的信息。工作坊也可以提供机会，让某一领域的专家与教师在轻松的学习环境中分享知识和经验。
- 工作坊可以提供给教师实际的课堂应用技能。工作坊旨在提高教师的实用技能并且帮助他们解决问题，而不是简单地提高他们对理论的理解能力。因此，参加工作坊的教师在离开时往往能获得一些可以用在课堂中的想法、策略、技巧和材料。

- 工作坊可以调动教师的积极性。工作坊让教师从课堂走到了论坛里。在这里,他们可以同来自不同学校的教师或者同事分享问题和关切点。工作坊还可以重新点燃教师对教学的激情。工作坊集中讨论的特点也可以帮助参与者保持兴趣。

- 工作坊可以培养同事的凝聚力。因为工作坊是一项高度互动的活动,同其他教师花几个小时在一起能够帮助加强同事间的亲密关系和个人友谊。这些关系通常可以在工作坊结束之后长时间维系。

- 工作坊可以推动创新。在课程的实施或者其他形式的改变中,工作坊可以成为一项关键的策略。例如,如果一项新的教育政策指定了一种不熟悉的教学方法或者课程模式,比如基于能力培养的教学或者基于内容的教学,工作坊就会成为一种教师为应对变化而做好准备的理想形式。

- 工作坊持续时间短。尽管工作坊进行的时间长短各异,但它通常持续时间较短。因为工作坊集中关注某些非常具体的问题,它可以在短期内完成。对于那些没有多少时间开展额外活动的教师和机构来说,这是工作坊的一个优势。

- 工作坊的组织灵活。工作坊首先要考虑一些建立在理论或者概念输入基础之上的情况和问题。然后人们通过结对或者小组的形式来解决问题和进行应用。尽管如此,类似这样活动的开展顺序可以根据领导和参与者的喜好而有所不同。

以下的花絮来自一名参加过小组活动工作坊的教师。花絮记载了她从工作坊中学到的东西。

◆ 花絮

最近,我参加了一个关于成功管理小组任务的工作坊。该工作坊是由我们当地的教师协会组织的。我想在学生中开展许多小组活动,但我一直不确定这些活动是否能成功,也不确定如何让这些活动效果变得更好。另外,我还认为开展小组活动主要是靠常识。然而,这个工作坊对我益处很大,因为工作坊的领导是合作学习方面的专家。他在认识小组互动的实质方面给我们提供了一个全新的视角。其中,工作坊中最有趣的一部分就是我们研究了基于积木技巧的合作学习技能。在这一活动中,每一个小组都掌握了合作学习理论的一篇文章,然后依次向其他小组介绍这些内容。总之,我发现这个工作坊益处很大。我已经开始实践我们学到的一些东西了。如果要我对工作坊提一些负面意见的话,那就是工作坊太拥挤,大家不能充分地与辅导员进行互动。

吴继勇·李(UnKyung Lee)

反思

- 你认为工作坊的最佳人数是多少?
- 你期望在工作坊中探索哪些关于小组活动的问题?

三、计划高效工作坊的步骤

在计划工作坊的时候,我们推荐以下步骤:

1. 选择一个合适的课题

基于工作坊的学习适合研究那些涉及解决问题和开发实际技能的议题。我们已经发现,工作坊通常不太适宜教授不含实际应用的抽象理论和信息。对于这些内容,开设一门短期课程更加合适。因为工作坊主要依赖于小组讨论和分享看法,故参与者对所涉及的题目应该有一定的经历。对这一题目他们也应当有一些可以被应用的想法。如果参与者对所涉及的题目没有什么经历,他们也应当有兴趣进一步探讨这个题目。一个成功的工作坊研究的一般是参与者正在经历的情况或者是他们想要改变或改进的局面。参与者一般通过与教师或者督导的讨论就可以找到合适的工作坊题目。由于工作坊时间有限,题目应当重点突出,并且应当集中研究一两个问题,而不是对一个宽泛的领域进行考察。

2. 限制参加者的人数

工作坊最适合于数量有限的参加者,因为一个有效的工作坊需要辅导员与参加者互动,以便给他们机会来呈现他们的想法和建议。通过与参与者进行互动,辅导员还能提供问题和解决方法方面的反馈。参加工作坊最理想的人数是 6—30 人。一旦人数超过了 30 人,工作坊就面临着变回讲座(形式)的危险,这样工作坊就失去了自身的价值。根据参加人数的不同,工作坊一般以小组互动的方式来组织。其目标是要组成一些小组。小组中的成员整体上都具备完成预定任务所需的知识和经验,并且所有的小组成员都有参与的机会。如果小组的规模太大(比如 7 个人),有些成员就有可能保持沉默。因此,四人小组是更好的努力目标。因为这样的小组可以被分为两对人。他们可以结对进行学习,然后再合并成四人小组。小组工作需要其中一名成员作为组长,另一名作为记录员。在工作坊进行的过程中,小组成员可以交替担当这些职务。辅导员的工作是要保证小组按要求执行任务,并在规定的时间内完成它。他还要确保每名成员都有参与的机会。记录员记录下小组的决定。

3. 找到一名合适的工作坊领导者

工作坊的成功通常取决于领导者的素质。并不是每一位一线教师或者大学讲师都可以成为优秀的工作坊领导者。通常,工作坊需要不止一位领导者。这是因为工作坊式的学习意味着一位领导者最多能与12—15位参与者形成充分的互动。如果参与者的人数超过了这个范围,就需要几位领导者了。这样,工作坊的参与者在学习的过程中就能接触到若干位专家或辅导员了。

要成功地规划和实施工作坊,工作坊的领导就需要具备以下素质:

● 了解专题。尽管工作坊建立在参与者的经验和看法的基础之上,但他们从中学到的内容并不应该仅仅是成员想法的汇总。工作坊的辅导员也应当直接提供新的想法和知识。他们还应当能够就参与者提出的问题提供信息丰富的答案,并且还要能够激发起参与者对工作坊课题的热情。

● 熟悉开展工作坊的方式。辅导员应当具备推进小组学习方面的技能,应当善于管理时间并且应当能够解决在工作坊中出现的任何问题。

● 熟悉教授成人学习者的方法。根据参与者(经常包括经验丰富的教师)的需要把工作坊确立在合适的水平上是一项关键的技能。我们经常观察到这样的事情,即:经验丰富的教师有时对能否从工作坊中学到新的东西表示怀疑。这些人可能有很多想法且坚持自己的观点。工作坊的领导可能需要用巧妙的方法去面对强烈坚持不同意见的人。伍德、其立安、麦克科尔和汤姆森(Wood, Killian, McQuarrier, & Thompson, 1993, pp. 21 - 24)讨论了成人学习者的一些特征。这些特征与计划工作坊学习有关。成人学习涉及自尊心并且成人需要更多具体和直接的经历。有了这些经历,他们可以实践自己正在学习的东西。大多数成年人在小组中学到的更多,他们学习的背景也大相径庭,他们相对自己的学习有一定程度的控制力,并且基本上都有自发的学习动力。同时，成人需要反馈。他们并不会自动地把培训中学到的东西变成实践。

4. 为活动安排一个合适的顺序

工作坊应当留给参与者足够的机会来吸收新信息，参与小组讨论，得出针对自己课堂问题的解决方法和应用方法。小组任务并不一定需要唯一的"正确"解决方法。应当通过小组的共识得出多样性的解决方法，或者得出不同的可以接受的结果。华生、肯迪则、达舍尔、卢瑟福德和所罗门（Waston, Kendzior, Dashor, Rutherford, & Solomon, 1998, pp. 161-162）描述了在工作坊中使用的下列活动。这些工作坊为期 1—5 天，研究的课题是合作学习。

- 增进团结活动。通过有趣、轻松但又有目的的活动让参与者相互了解，并针对课题分享各自的想法和经历。
- 提供直接指导。在活动中给学习者提供有关关键题目、想法、理论和技巧的总体指导。在这一过程中，经常通过书面材料进行补充。
- 同伴活动。这些结伴进行的活动包括访谈、解决问题和讨论阅读材料。
- 小组讨论。在这些由 4—6 人组成的核心小组中，参与者讨论来自工作坊的信息和建议，并且提出应用策略。
- 角色扮演/实践活动。角色扮演的环节是让参与者应用和实践工作坊中所介绍的策略及技巧。
- 共同计划活动。用来进行课程计划的活动，其目的是要培养与同伴一同工作的技能。
- 反思时间。在每天结束的时候安排的这些活动是让学习者反思在结伴、小组活动或者撰写日志中学到的内容。

通常来说，找到合适的资源对工作坊的成功是至关重要的。这些资源可能包括课本中的某些单元、教案、课程讲稿、课程录音和录像、讲课的片段、参考书或者学习者使用的语言的一些样本。参与者在执行工作坊任务的时候，可以参考这些资源。

5. 找机会进行后续工作

要使工作坊产生效果，通常需要后续工作。这项工作可能包括对后续行动进行计划并且为将要发生的事情制定一个时间表。后续工作就是要考虑教师如何能够使用他们所学到的东西，他们在什么时候实施新的想法和策略，他们如何把学到的东西应用到课堂教学中，以及他们如何检测自己的努力并且把努力的结果与他人分享。

6. 包含评估

工作坊通常是按照它的内容和所使用的方法来评估的。评估的方式包括问卷调查和对参与者进行的采访。评估的目的是要获得关于以下问题的信息：

- 工作坊的设计。工作坊是否达到了预期目标？内容是否合适？材料的覆盖面是否适合？分配给每一个课题和每一项小组活动的时间是否充足？这些任务效果是否良好？
- 讲解者。他是否是一位成功的辅导员和一名优秀的沟通者？他是否知识丰富？他的教学方法是否适合成人学习者？
- 资源。使用了哪些资源？这些资源是否合适而且有用（文章、书籍和材料）？
- 学习者的参与。是否所有的参与者都有机会发言？他们是否全程参与了工作坊？对他们有哪些互动和参与的要求？工作坊是否适合那些参与者？

- 学习者的满意度。参与者是否对课题、辅导员、参与程度、设施、任务以及工作坊的结构满意?
- 理解上的改变。参与者是否对学习内容有了新的理解?参加工作坊以后,他们是否发生了改变?
- 益处和适用性。在工作坊中获得的知识是否可以用到教学中?知识是否可以转化到参与者的教学环境中?工作坊会带来什么影响?让参与者在工作坊中找出他们学到的2—3项最重要的内容,这些做法可能对他们产生的益处,并可以问他们会如何将这些内容应用到教学中。

以下花絮描述了关于如何在大学语言系中建立工作坊的问题。

▶ 花絮

我们系每学期给老师提供了参加一次工作坊的机会。工作坊通常由系里的教师带领。然而,有时也会从外面请一位专家来带领工作坊。为了找到工作坊的题目,在每学期的开始,系里都征求所有教师的意见,问他们对开展工作坊有什么建议以及了解他们是否愿意组织工作坊。我们制定了一系列可供参考的系内指导方针。这些指导方针为如何实施工作坊和进行后续工作提供了建议。在我们的系里,尽管对教师没做强制要求,但大部分的教师至少每年参加过一次工作坊。我发现这些工作坊通常很有帮助,并且让教师们从教学中获得休息。

蒂诺·马霍尼(Dino Mahoney)

▶ 反思

- 你可以为工作坊提供哪些课题?
- 工作坊结束后的哪些后续活动会有用处?

四、总结

　　工作坊式的学习方式是职业发展中的一种比较熟悉的形式。因此,人们经常把有效的工作坊看成是理所当然的事情。事实上,许多教师在他们的职业生涯中都经历过效果好和效果差的工作坊。这就提醒我们,成功的工作坊需要精心计划和协调,而不是在最后一刻才开始组织。认真进行的工作坊可以对其参与者产生深远的影响。工作坊在实现学校的机构目标和满足教师的个人需要方面会起到关键作用。在开展工作坊的时候,为高级教师提供发展技能的机会是员工发展的一个重要部分。学校应当经常为教师提供机会,让他们通过参加工作坊来更新专业知识。这样做的学校能够传递一条重要的信息,即:学校注重教学质量和专业发展。工作坊也为教师提供了远离课堂的机会,让他们可以与同事进行联系,并且带着饱满的激情回到教学工作中去。

　　下面是一项工作坊实例。

STETS

(新加坡高等英语教师协会)

年度工作坊

组织者:托马斯・法瑞尔博士(Dr. Thomas S. C. Farrell)

时间:2002 年 11 月 29 日

http://www.stets.org.sg/stetsAnnualWorkshop.htm

语言教师反思训练

9:15—10:45

Ⅰ. 反思训练:设置场景/定义反思训练

1. 简介——工作坊概览
2. 教学故事——日志写作
3. 规定反思训练
a. 你是一名反思性的教师吗?
b. 定义反思训练
c. 反思训练的定义
4. 目前的反思水平
a. 澄清反思训练水平
b. 反思性教师的五个特征

> 10:45 茶歇

Ⅱ. 关键事件——你作为语言教师具有哪些素质?

> 11:15—12:45

1. "生命树"
2. 教师的信仰
3. 反思两个不同的班级

> 12:45 午餐

Ⅲ. 反思训练:语言教学的概念;提出课题

> 13:45—15:15

1. 方法
a. 听课(看录像)
b. 撰写日志
c. 小组讨论
2. 产生反思的题目——小组

> 15:15 茶歇

Ⅳ. 反思训练:为语言教师提供反思的机会/教学

15:45—17:15

1. 教师档案:为反思编撰教学档案
2. 杜威(Dewey)的反思态度
3. 结论:辅导员欢迎大家提出问题、看法和不同意见

参考文献和拓展阅读

Birchak, B., Connor, C., Crawford, K. M., Kahn, L., Kaser, S., Turner, S., & Short, K. (1998). *Teacher study groups*. Urbana, IL: National Council of Teachers of English.

Fleming, J. A. (1997). New perspectives on designing and implementing effective workshops. *New Directions for Adult and Continuing Education*, 76, San Francisco: Jossey-Bass.

Lotan, R., Cohen, E., & Morphew, C. (1998). Beyond the workshop: Evidence from complex instruction. In C. M. Brody & N. Davidson (Eds.), *Professional development for cooperative learning* (pp. 123 – 146). New York: State University of New York Press.

O'Rourke, M., & Burton, W. (1957). *Workshops for teachers*. New York: Appleton-Century Crofts.

Richards, J. C., Gallo, R., & Renandya, W. (2001). Exploring teachers' beliefs and processes of change. *PAC Journal*, 1(1), pp. 41 – 64.

Sork, T. J. (Ed.). (1984). *Designing and implementing effective workshops*. San Francisco: Jossey-Bass.

Watson, M., Kendzior, S., Dasho, S., Rutherford, S., & Solomon, D. (1998). A social constructivist approach to cooperative learning and staff development: Ideas from the child development project. In C. M. Brody & N. Davidson (Eds.), *Professional development for cooperative learning* (pp. 49 – 62). New York: State University of New York Press.

Wood, F., Killian, J., McQuarrie, F., & Thompson, S. (1993). *How to organize a school-based staff development program*. Alexandria, VA: Association for Supervision and Curriculum Development.

第三章

自我监控

一、自我监控的实质

教师发展的一个起点就是意识到自己目前的知识、技能和态度状态,并且把这些信息作为自我评价的根据。在机构中,由经理和督导开展的绩效考核经常可以对当前的表现水平提供局外人的看法。这种考核建立在听课、学生反馈、面谈和其他信息来源的基础之上。然而,教师经常也可以根据自己收集的教学信息做出这种判断。在用于这一目的的自我监控和自我观察的活动中,有关自己教学的信息被描写或者记录下来,目的是要审查和评估教学。

自我监控或者自我观察指的是对自己的行为进行系统的观察、评估和管理,目的是要更好地理解和控制行为(Armstrong & Frith, 1984; Koziol & Burns, 1985)。在日常生活中,人们经常使用自我监控。比如,当一个人在节食的时候,他每天都要记录自己吃喝的东西。在本章中,我们将要考察语言课程中三种自我监控的方式:课程汇报、课程录音和课程录像。自我监控的理论依据同其他方式的反思性教学的理论依据一样，其内容是：要想更好地了解自己的教学情况以及自己作为教师的强项和弱项，就有必要客观和系统地收集有关教学行为及实践的信息，并且把这些信息作为决定是否要做出一些改变的根据。在以下花絮中，新加坡的一位语言教师描述了他在教学中是如何使用自我监控的。

▶ 花絮

目前，我正在给一组来自不同国家的中等英语水平的学生教授口述技能。我还未找到已出版的符合小组需要以及符合我这门课程重点的教材。因此，我正在自己准备材料。根据我已经掌握的信息（学生的专业档案、课前测试成绩和学习需求分析数据等），在开课前我就提前准备了一些教案。我发现其中的一些内容非常有用，而另一些需要进行大的修改。

在每一堂课结束的时候，我努力坐下来，利用讲义来帮助我进行一些回顾。我给自己提出了这样的一些问题：

- 学生们在什么阶段需要更多的支持？
- 在什么阶段我严重地高估或者低估了学生的知识和技能？
- 教学中是否出现了因太多的知识输入而导致缺乏练习的情况？是否出现了因太多效果差的练习而导致缺乏集中的知识输入的情况？

这些宽泛的问题通常让我在微观层面上思考时间安排、课程计划、任务设计以及例句中所使用的词汇等问题。我一般直接在教材上写下我的笔记。考虑到将来我有可能为类似的一组学生讲授同样的一门课，我把这些材料归入档案，并且把它作为下一次教学的参考。

下一步就是要展望未来，看一下在自我评估中找出的问题是否可以用在以后课程的材料中。这些材料一般还没有"付印"。

我可能决定需要包含或者省略整个教学安排或个人活动。我也可能发现课程的强度过高或者过低。当然，随着课程的进行，我会更加清楚地了解课堂中的哪些教学（学习）活动用处大或者用处小。在我面对这组学生之前，我已经编写好了教材。我的这些认识为我的教材也带来了一些重大的修改意见。

尼尔·英格兰（Neil England）

反思

- 尼尔使用的步骤有哪些优点？
- 有些教材在一组学生中使用得很好，却并不适用于另一组情况类似的学生。你认为其中的原因是什么？

当一个人监控自己的教学的时候，所获得的信息经常是私人信息，所以不一定要与他人分享。自我监控可以被当成教师探索他们一段时间内教学情况的过程的一部分。然而，可能在某些情况下，通过自我监控收集到的信息可以同他人分享，使之受益。例如，有时我们安排一位教师同一位导师或者督学就一系列的自我监控课程进行协商。然后我们安排他们双方讨论监控报告。或者教师也可能做出决定，与一些同事一起监控课程的某些方面，并通过与他们定期会面来分享收集到的信息。

二、自我监控的目的和益处

我们认为，自我监控有多方面的益处。它可以使教师记录下自己的教学情况。在本章中我们将会讨论，教师可以使用这些记录来实现各种不同的目的。自我监控也能为自己的教学提供客观的记录。尽管教师通常感觉他们对自己的教学方式了解得很好,也能很好地认识到自己是怎样的一位教师,然而,当有机会看到自己的教学录像和文字记录的时候,他们经常会吃惊,甚至是震惊地看到自己主观感觉和"客观"现实之间的差距。例如,教师可能没有意识到他们的讲解并不总是非常清楚,有的时候解释得又过多了,有时他们讲话太快导致许多学生在课堂上精力不集中,或者有些时候教师在主导课程而没有给学生足够的参与机会。教师可能还没有意识到他们对某些学生说的话比对另一些学生说的话要多,或者他们有一些令人讨厌的讲话习惯,比如他们经常使用"是""啊哈"或者"对"。以下的花絮展示了巴西的一位语言教师如何使用录像分析来监控自己在课堂上纠正错误的情况。

花絮

我主要在一所私立机构中教授中等水平的学生。最近,我对找出自己对学生所犯错误的反应产生了兴趣。于是,我做出安排,并对我的两门课进行录像。后来,我浏览了这些录像,目的是要发现我纠正错误的方式是否有一些规律。令我吃惊的第一件事情就是我忽视了学生所犯的80%的错误。我还发现自己在控制性的实践活动中经常纠正错误,而在开放性的流利训练活动(如学生们的小组讨论)中,我几乎不纠正任何错误。我发现在纠正学生错误的时候,我通常采用的策略是打断学生,并给他们提供正确的单词或者语法形式。但是,在我这样做之后,半数情况下学生并没有跟我重复正确的形式,也没有努力去改正错误。

塞尔吉奥·冈萨雷斯(Sergio Gonzalez)

反思

- 你是否对自己的课程进行过录像?如果是的话,用录像来监控讲课的过程有什么正面和负面的影响？

- 塞尔吉奥使用录像监控自己的纠错策略。如果是你的话，你会用它来监控自己的哪些方面呢？

这一实例解释了自我监控如何能够帮助教师更好地理解他们自己的教学实践，以及如何能够帮助他们就自己没有意识到并可能想要改变的做法做出决定的问题。自我监控可以帮助教师培养一种对教学更加具有反思性的认识，即：从以前靠冲动、直觉或者常规来带领的境界过渡到靠反思和自我意识来带领行动的境界。

自我监控的另一个优势就是它是由教师自己主动进行的。自我监控活动是教师可以私下在自己的课堂中开展的，并且收集到的信息也不必与他人分享。因此，自我监控把改进教学实践（如果需要改进的话）的责任从局外人（例如督学）的身上转移到教师的身上。这使得教师能够就效果好和效果不太好的教学活动得出自己的结论。在以下的花絮中，一位在日本任教的经验丰富的对外英语教师描述了他开展自我监控的方式（撰写教学日志）。

🔖 花絮

我在进行教师培训的时候，第一次经历了自我监控。作为一名教师，我15年来一直坚持撰写课程评估报告。一开始，我这样做的目的是要记住发生过的事情，特别是要了解学生。通常，撰写课程评估报告可以作为一个用于探索不太成功的教学活动的工具。撰写的过程帮助我厘清了一些可以改进我教学的方式。最近一位同事建议我要关注自己的成功经验，在报告中记载那些效果好的活动并且解释其中的原因是什么。这个想法令我高兴。

现在,我既总结"问题"课程,也总结成功的课程。

艾伦·海德(Ellen Head)

◆ 反思

- 为什么对教学问题进行记录可能会帮助你找到解决问题的答案?
- 在对一堂成功的课程进行总结的时候,你能学到哪些东西?

三、自我监控的步骤

我们在自我监控中用到了以下步骤。

1. 课程报告

课程报告可以被认为是教案的反义词。教案描写的是教师为达到教学目的而做的准备工作,而课程报告试图记录在课堂中实际发生的情况。这种报告一般在课程结束不久完成,其中记录了教师所能回忆的尽可能多的细节。显然课程某些方面的内容不能准确地被记录,比如学生们使用某一语言项目的次数或者教师在讲课过程中提问的各种类型。然而,其他一些方面的内容可以以极高的准确性来记录,如以下的这些内容:

- 教学活动和教材相对成功或者失败的程度。
- 教师偏离教案的情况。
- 讲课中活动进行的顺序。
- 在课程的不同部分,学生所遇到的困难。
- 教师觉得课堂中特别成功的部分。
- 为了更好地学习课程,学生们需要掌握的单词、表达方式或者语法项目。

课程报告这种形式记录下来的情况可以作为进深学习的资源。报告可以包括对课程的评估，但评估并不一定要出现在报告中。不含评估内容的课程报告可以作为课程记录。包含评估内容的课程报告重点关注的是以下的问题：

- 课程的哪些部分进行得顺利？
- 课程的哪些部分进行得特别不顺利？为什么？
- 课程的哪些部分应该在下一次进行改变？

课程报告可以作为对课程进行的一次书面叙述。它也可以以清单或者问卷调查表的形式出现。

2. 书面叙述

正如名字的字面意思所表示的那样，课程的书面叙述包含对课程描写性的总结。在课程完成一段时间之后，教师就课堂中的情况写一份报告。这份报告可以是描写性的，也可以是反思性的。描写性的那部分对课堂的情况进行总结而不对这些情况作评价或者评论。在叙述的反思部分，教师以批评的态度检讨所发生情况，并且对可以改进的部分以及可以从课程中学到的经验进行评论。叙述的长度取决于教师愿意为此所花费的时间以及其中所包含的细节。以下花絮就是由一位语言教师写的一份叙述性报告。

🞂 花絮

我为东南亚国家的官员们教授一门名为国际交流英语的课程。昨天，我们开始了一个新单元。这一单元的主题是"商务"。作为这一主题的热身练习，这些学生（柬埔寨、老挝和越南各5位）需要比较最近在这3个国家针对外国投资环境进行的经济改革的效果。因为其中的一些学生比另外一些学生更加熟悉这一题目,我按照国家将他们分成3组。这样,他们就可以有时间去思考复杂的题目。这样做还可以便于他们互相帮助,找出讨论中所需要的语言。另外,这样做也使得他们能够在分享自己国家的哪些情况的问题上同别人达成一致。我监控了3个小组,并在必要的时候给他们支持。每位学生在讨论的时候都做了笔记。整个活动持续了20分钟。今天,学生们被打乱,分成了每组3人的5个小组。这样,每一组都会有一名来自这3个不同国家的学生。他们按照前一天所做的笔记交换观点,持续讨论了30分钟。讨论结束后,我们又聚到了一起,一同总结学生对讨论的问题给出的解答。另外,我们还为学生提问和教师反馈提供了最后一次机会。这一过程持续了15分钟。

3. 评估

(1) 效果好的情况

从积极的方面来看,大部分学生提前一天就做好了准备。他们似乎能够并且愿意与同学分享有关该题目的信息。有些讨论比较热烈。这里的确真实地存在"信息沟"。我感觉昨天的小组讨论成功地帮助了那些对题目不太了解的学生,因为他们能够在今天参加讨论。并且,在语言和思想方面,他们今天也不感到茫然。同时,昨天的讨论活动也帮助那些在这一题目方面有"专长"的学生增强了信心。这一学习过程充满了合作氛围。我对自己的分组方式很满意。我考虑到了平衡性别、题目的背景知识、语言水平、小组活动技能和国籍等因素。最后,所有的学生都获得了有关他们邻国的新信息。

(2) 效果不好的情况。

我忘了提前给学生分组。如果提前分组的话,我会在学生的国家、语言能力、个性和背景知识方面找到平衡。因为我的遗忘,我只能在课堂上分组。因此,我浪费了3分钟的时间。下一次,我要更充分地做好准备。有几名学生对该题目不太感兴趣或者对该题目不太了解(这是我无法控制的),因此他们参与的积极性不高。但我不知道如何让他们对这堂课更加感兴趣。

兰德尔·沃兰斯基(Randall Wolansky)

反思

- 你认为有效的小组活动的特征是什么?
- 对于那些对题目不太感兴趣的学生,你有什么办法吗?

像以上这样对课程进行的书面叙述既有优点,也有不足。其中的一个优点就是它可以由教师随心所欲地来组织。例如,它可以以笔记或者更加认真撰写的文章的形式出现。另外,仅仅只是坐下来对课程进行思考通常也会激发对于课程某些方面的感悟。在讲课的过程中,教师可能没有时间来思考这些方面的问题。因此,写作的过程可以作为一个启发学习的过程。这种记录方法的一个不足之处就是写这些东西需要花费时间。另外,这种叙述是基于主观印象的基础之上的,所以可能不会涉及课程的一些重要方面。

4. 清单和问卷调查

清单和问卷调查为记录课堂中发生的情况提供了另一种方式。通过设计,教师可以让清单和调查表包含课程的整个框架或者关注一堂课程的某些具体方面。这主要取决于教师的兴趣所在。例如,一份包含课程的整个框架的清单可能包括同课堂开始和结束相关的项目、课堂的主要活动、教师带领的活动,以及小组活动中所花的时间和在培养各种不同技能上所花的时间(说、听、写等)。

关注于课程某一方面(如发音)的清单中的项目可以包括在发音练习上所花的时间、课堂中所进行的发音活动以及找出的发音难点。

我们发现效果最好的那些问卷调查是由一组教师共同开发的。为了检讨和分享自己的发现,这些教师对监控自己的某一门课程的教学过程感兴趣。以下的清单由两位教师共同开发。在他们教授的一门口语课程中,他们希望监控自己是如何处理发音问题的。

(1) 课堂中发现的主要发音问题。

(2) 课堂中用于发音练习的时间。

(3) 涉及的发音的各个方面:

- 单个音;
- 重音;
- 节奏;
- 声调;
- 混合音;
- 其他。

(4) 使用的发音活动:

- 操练;
- 对话;
- 大声朗读;
- 其他。

(5) 活动中学生遇到的主要问题。

(6) 各项活动的效果。

(7) 可以处理发音的其他方式。

在某些情况下，有些教师出版了自己的清单以供他人使用（如 Pak，1987）。然而在大多数情况下，有必要对出版的清单进行修改，使之适用于教师所监控的某一类特定的课程。

根据我们的经历，清单或者调查表可以很快填写完。比起书面叙述来，它们对课程的记录可能更加详细。然而，清单或调查表应当认真准备并且要进行一两次试点，以确保它能抓住课程最主要的特征。

5. 课堂录音

另一个简单的自我监控方式就是对课堂进行录音。对课堂进行录音的目的就是发现那些只有通过实时录音才能找出的问题。教师并不经常有机会聆听或者观察自己的课堂。尽管教师容易认为他们对自己教学风格与方式有较高水平的自我意识，但我们发现，当他们听自己一堂课的录音或者录像的时候，他们经常会做出以下的评论：

- 我没有意识到我有老说"对吗"这种坏习惯。
- 在很多情况下，我似乎说得太快了，难怪学生很难理解我。
- 我没有给学生足够的说话机会，我需要少说一点。

麦克恩(cited in Burns，1999)列出了可以通过录音和录像探索的若干问题：

(1) 你想观察到什么(如行为的某些方面、问题)？

(2) 课堂表现中有哪些积极的特征？

(3) 课程的目标明确吗？

(4) 教师扮演的角色是什么(例如阐释、质询)？

(5) 学生们是否积极参与课堂活动并且对课堂活动感兴趣？

(6) 谁在讲话？

(7) 讲话的人说了哪些类型的话？

(8) 问了哪些类型的问题(相似的还是不同的)?
(9) 学生的参与形式是什么样的?
(10) 课堂的节奏合适吗?
(11) 使用了哪种风格的课堂/学生组织方式?
(12) 课堂表现表现出了哪些消极的特征?
(13) 出现了哪些非言语行为?
(14) 观察到了哪些符号、图标、常规形式、或工具?
(15) 声音是否清晰?
(16) 使用的是正式还是非正式语言?
(17) 哪些言谈举止习惯是很明显的?
(18) 是否有哪些分散注意力的事情?
(19) 你从这一分析中学到了哪些东西?

6. 制作录音

为课堂制作录音的方式有几种。例如,可以把磁带录音机放到教室的一个中心位置上,比如讲桌上。如果教师在课堂中总是在录音范围之内活动的话,这样的录音方式可以让录下来的声音音量足够大。然而,这种方式一般录不上多少学生的声音。

也可以使用配有便携式麦克风的录音机。这种麦克风可以固定在教师的衣服上。这种方式的优点是教师在教室的任何一个角落都可以进行录音。另外,可以放两个或者更多的录音机到教室的不同角落,包括学生的课桌上,这样就可以把更多学生的声音录进去。

显然,课堂录音的后勤工作可能比较复杂,并且一开始就要决定录音的重点是什么——教师还是学生。二者都可以成为录音的重点对象,但最好是不同的时候有不同的重点。

在考虑课堂录音或者以其他形式录制课堂内容的时候,教师们集中关心的一个问题就是在教室放置了录音机以及人们意识到课程在被录音后，课程的顺利进行是否会受到影响，因为这可能导致课堂出现的情况不典型或不具代表性。在审查收集到的信息的时候要考虑这一点。弗里曼（Freeman，1998，p. 208）为课堂录音提供了一些合理建议：首先检查背景噪音，对于小组活动要使用多台录音机。如果教师计划把课程录音的内容用文字记录下来的话，他就要预见到一个小时的录音需要三至四个小时来记录。

7. 审查录音

在大部分情况下，根据需要多听几遍课程录音就够了。在某些情况下，把录音用文字记录下来也是很有益处的。根据目的的不同，可以逐字记录录音，也可以是以笔记的形式出现。用文字记录课堂过程的优势在于在必要的时候，可以与他人分享这一记录的内容。例如，一个小组中的教师对相互的教学风格比较感兴趣，比起相互听磁带录音，彼此分享书面的课程记录会更容易做到，因为听录音需要花很多时间。然而，我们已经提到过，完成课程的书面记录也可能需要花费很长时间。

在审查课程的时候，要针对教师个人的教学理念提出问题。这指的是教师心目中的优秀的课堂教学应当具有的特征。这取决于教师对自己在课堂中的角色的认识以及他与学生相处的方式、他所倡导的学生与教师以及学生之间的互动方式、教师对诸如学生的自主性和以学生为中心等问题的接受程度以及他对直接或者间接教学方式的偏爱程度。

可以提出以下问题：哪些活动效果好？哪些活动效果不太好？是否学到预想之外的东西？这堂课的教学特点是什么？学生是否有足够的学习和参与机会？在讲课速度、解释、提问、给学生的反馈以及创造积极和支持的氛围等方面做得如何？

8. 课堂录像

对一堂课最好的记录就是录像。因为比起文字记录和录音，录像可以提供更加准确和完整的记录。进行课程录像时尽管有一些内在的困难，但其结果通常会让努力没有白白付出。现在，很容易找到各式各样使用方便的录像机。这就意味着在很多环境中，对课程进行录像是可行的。在准备课程录像的时候，需要考虑以下问题：

（1）谁来进行录像？对课程进行录像可以有若干方案。教师可以让一位同事或者课堂中的一位学生来录像。一位技师或者学校的其他员工也可能同意做这件事。还可以把录像机设置好，让它自己工作。

（2）录像应当包含哪些内容？要事先决定好录像的关注点是什么。它既可以是整个课程，也可以是课程的某一具体方面，比如教师与学生以及学生与学生进行的课堂活动的效果如何？如果有人在为教师录像，就要提前恰当地告诉他教师要求的录像重点是什么。

我们讨论过的与课堂录音相关的有些问题同样也适用于课堂录像，因为总体来说录像比录音更能深入环境。然而，一旦学生和教师都习惯了课堂被录音的事实，课堂通常就会进行得相对正常。就像录音一样，录像也不一定能为课堂提供良好的录音效果。有些学生的声音可能听不到，教师可能需要站到合适的位置，以便教师和学生的声音和图像都能被录上。以下的花絮出自韩国的一名语言教师。他运用课堂录像来对自己的教学进行自我监控和自我评估。

花絮

我几乎立刻就从使用录像来进行自我监控的过程中获益。作为一名现任教师,在大多数情况下,我发现教案在课程进行到一半之前就已经过时了。和同事坐在一起,随着课堂的进行,我可以让录像停下来并告诉他们我当时想的是什么以及我当时为什么那样做。因此,我有可能(也有能力)在课堂进行过程中修改教案。我的课堂录像让我意识到我在一段时间内养成的一些坏习惯。观看录像能够帮助我面对一些问题。如果我不对课堂进行录像的话,我可能就会错过这些问题。例如,当我审查一段时间的课堂录像后,我发现在教学的过程中,我形成了一种"焦虑不安"的教学模式。至于录像的实际用途,我意识到尽管学生肯定会受到摄像机进入课堂的干扰,但是通过在多种情况下使用录像机,这种影响会被减弱。我就是这样做的。我同样意识到很重要的一点就是不要让人操作摄像机,因此我用了三脚架。另一个方案就是让课堂中的学生操作摄像机,但是我没有尝试过这种做法。

罗伯特·迪基(Robert Dickey)

反思

- 使用课堂录像研究课程的哪些方面最让你感兴趣?
- 你觉得课堂录像是否可以被用来评价教师的教学?为什么?

9. 录像建议

(1) 把摄像机放置在教室里。在最初几堂课中一直把它放在那里,让学生熟悉它,但是先不要录像。

(2) 确定录像的焦点(教师、学生或者特定的一组学生)。把摄像机放置在一个合适的位置或者通知摄影师摄制的焦点。然后,开始对课程录像。

以下的建议(改编自帕克)(Pak,1987)适用于在进行某些特定的任务时使用录像记录学生们的表现,以便在整个课程中记录学生们的进步情况。

- 在课程接近开始之时,录制一次典型的课堂活动。这可以是结对任务,让学生们相互理解对方对某一题目的看法。也可以是角色扮演活动。给每名学生分配固定的时间(比如两分钟)来进行活动。要对整个课堂录像。
- 在录像结束后,把每一对学生的表现都做一份记录,并且记住他们出现在磁带的哪一部分。这样,以后就能够很容易地在录像中找到不同的学生。
- 在课程进行过程中,多次重复这一步骤。
- 在整个课程的进行过程中,使用录像来监控单个学生的进步。课堂录像还可以被用来增强学生对自己所获进步的认识,也可以让学生了解自己需要改进的地方。

在使用录像检查学生的表现方面,帕克(1987,p.4)列出了一些可以关注的焦点(其中的一些也适用于使用课堂录音来检查学生表现的过程)。这些焦点包括语言的使用(如流利度、准确度、合适度、语域和发音)、互动技巧(如开始/结束对话、轮流说话、打断对方、改换话题等)和课程的一般特征(如学生在课堂上的参与程度、学生间的融洽度、师生间的融洽度、学生的说话时间以及主要的难点)。

10. 审查录像

课堂录像对一堂课的记录完全不同于课堂录音的记录。录音可以捕捉到一切课堂上可以听到的东西,但是录像可以让教师观察到他与学生互动的情况。录像给人们提供了机会,让他们可以观察到大量的学生之间的互动。人们一般没有机会去注意这种互动。弗里曼(1998,pp.56-57)建议在审查录像的时候要留心以下问题:

- 当你观察自己学生在这堂课中的学习情况时,你对自己的教学可以提出哪些问题?
- 你看到的哪些东西让你感到困惑?你对哪些东西没有把握?
- 你想要更好地理解学生学习的哪些方面?
- 你认为为什么会出现磁带上那样的情况?在学生的学习和你的教学方面,这可以给你带来哪些思考?
- 你了解的教学和学习的哪些内容使你有兴趣去证明它们?

四、实施自我监控

本章中所讨论的活动是一些可供教师和课程协调者使用的策略。通过使用这些策略,他们可以自己意识到组织中教师个人的强项和弱点。从自我监控中获得的信息可以为教师和课程协调者提供多种用途。

- 自我肯定和确定。教学会成为一项困难的活动,有时它还具有威胁性。每一批新学生的到来、每一次开始讲新课以及每一次开始使用新教材都会构成挑战。尽管教师总是在自己身上能够找到需要改进的地方,但是大多数的教师在大多数的情况下都做得很好。因此,自我监控这种相对轻松的方法可以被用来确定这些做得好的方面。监控的结果可以培养教师的自信心并且可以巩固自身对教师身份的积极看法。
- 找出问题。进行自我监控后,教师可能会发现自己没有意识到的问题的证据。例如,教师可能发现一些学生不积极参加活动,或者在小组活动中学生们开始说母语,或者学生发音错误多得令人难以接受。一旦问题被确定下来,教师可以更加细致地研究它并且想办法来应对问题。这也可能促使教师去听其他教师的课,以便发现他们是否存在同样的问题。这还可以为行动研究提供一些想法(参见第十二章)。

- 需要改进的地方。教学是一种不断更新和持续发展的过程。自我监控可以帮助教师找出需要改进的地方。一旦这些地方被找到,教师可以决定该怎么做。例如,如果教师发现很多学生在课堂上积极性不高,他可能考虑与另外一名教师合作,建立同行培训的关系。

五、总结

在计划个人职业发展中,对自己的课程进行一次监控通常是一个很好的起点,因为可以用这种方法找出一些问题。这些问题可以通过同行培训、行动研究或者教师互助小组进一步探讨。尽管教师有时在一开始对自我监控的好处持怀疑态度,但在经历过这一过程后,很少还有人持这种态度。相反,大家普遍认为为此付出的努力是值得的。一个可行的目标就是努力在每学期或者每次教新学生的时候监控一到两堂课。这可能包括简单地听课堂录音以及听部分或者全部磁带,以进行真实性检查。如果课程的某一方面看上去有问题,然后对接下来的一堂课进行录像通常是一种很好的跟进方式。由此获得的信息不仅对教师个人有益,也可以作为教师档案的一个组成部分。例如,加上评论意见的录音或者录像资料可以放到教师档案中。下面是一项课程报告实例的节选部分:

该报告出自韩国的一位对外英语教师。她在教学的过程中，对自己的课堂进行了录像。她还对写完报告后自己认识到的问题做出了评论（注意，所有的学生都被起了英语名字）。

（1）课程报告

我给我自己的课堂录了20分钟像。当课程结束时，我重新播放了录像，对所发生的事情进行了记录，并且写成了以下课后报告：

课堂。15名学生报名参加了这门中低级会话课。学生来自不同的专业，有的是文科生，有的是理科生。他们非常热心地学习说英语。这是为期8周的课程中的第七周。

课堂活动汇报。我检查了阅读的指示。"快照"是新的一章"交换"的导读部分。学生们都熟悉我的教学风格。我总是把课文分成两部分。每一对学生中的一人大声读课文的一部分。在课堂的开始，我让最好的学生卡洛琳大声读课文以保证课堂的成功进行。然而，当卡洛琳向下看并没有立即回答我的问题的时候，我感到吃惊。我稍微等了一会儿，然后我给出了我一贯使用的指令手势。卡洛琳向上看然后回答"改变"。我想知道她是否在理解指令方面有些问题。

总共时间：2分钟45秒

（2）接下来的课程

我们讨论了阅读理解问题。我说："卡洛琳，请你读一下第一个问题来帮助我们思考这个问题，然后读出你的答案。"卡洛琳开始读自己的答案。我提醒她只读第一个问题以便我们集中精力在这个问题上。卡洛琳解释了她的答案。我帮助她说明欧博拉最感人的成就（讨论的题目）是节食还是拥有自己的电视节目。我让杰克读第二个问题来帮助我们思考这一问题。杰克开始给出自己的答案。我打断杰克，并且提醒他在回答问题前先读一下第二个问题来帮助我们集中精力在这一问题上。我在黑板上写下了杰克犯的一个短语(他用的一个短语)错误,然后把这个短语划掉,以这种方法来纠正错误。他的句子现在变成了"金大中帮助韩国实现了民主"。中断:第二个迟到的学生在上课后十四分钟进入课堂。我让丹尼尔讨论第一个问题。当他开始给出答案的时候,我提醒他先读一下问题。

时间:6分钟 总时间:15分钟

(3) 从反思中我学到的东西

从阅读课程报告中,我了解到卡洛琳在某些特定词汇方面需要帮助。我还了解到杰克不明白任务要求是什么。杰克似乎被卡在任务中,忘记了具体的要求,或者他感觉他必须完成更大量的阅读。在观看录像之后,我发现在我们一起研究阅读理解问题的提示的时候,杰克非常渴望准确地回答我的问题。我对这一点印象非常深刻。在看录像之前,我没有注意到我什么时候开始讲课,也没有注意到讲完课我什么时候开始记笔记。我发现学生们都努力给出正确的语言形式和信息。因此,也许当学生们在对外英语课堂中试图回答这些问题的时候,他们想的是这两样东西。从现在开始,我要鼓励我的学生们在不懂的时候向我提问。这样,他们就不会向杰克那样自己猜想。我还要继续设计一些有趣的热身复习练习,因为这会使学生有机会再次听到自己熟悉的以及最近学到的词汇和结构。

简・霍克尔(Jane Hoelker)

▌参考文献和拓展阅读

Armstrong, S. , & Frith, G. (1984). *Practical self-monitoring for classroom use*. Springfield, IL: Charles Thomas.

Burns, A. (1999). *Collaborative action research for English language teachers*. New York: Cambridge University Press.

Casanave, C. P., & Schecter, S. R. (1997). *On becoming a language educator: Personal essays on professional development*. Mahwah, NJ: Lawrence Erlbaum.

Freeman, D. (1998). *Doing teacher research*. Boston: Heinle & Heinle.

James, P. (2001). *Teachers in action: Tasks for in-service language teacher education and development*. Cambridge: Cambridge University Press.

Koziol, S. M., & Burns, P. (1985). Using teacher self-reports for monitoring English instruction. *English Education*, 17(2), pp. 113–120.

Orem, R. A. (2001). Journal writing in adult ESL: Improving practice through reflective writing. *New Directions for Adult and Continuing Education*, 90, pp. 69–77.

Pak, J. (1987). *Find out how you teach*. Adelaide: Australian Migrant Program.

Qun, W., & Nicola, S. (1998). Self-development through classroom observation: Changing perceptions in China. *English Language Teaching Journal*, 52(3), pp. 205–213.

Wang, X. (2004). Encouraging self-monitoring in writing by Chinese students. *English Language Teaching Journal*, 58(3), pp. 238–245.

第四章

教师互助小组

一、教师互助小组的实质

在第一章,我们强调了在职业发展中与其他教师协作的重要性。我们将要在本章考察教师与同事建立互助小组的方法以及这种协作形式的目标。教师互助小组可以被定义为2-3名教师协同实现个人或者共同的目标,或者同时实现这两个目标。这种做法的假设前提是小组工作通常比一个人独自工作更有效率。一个典型的互助小组包括一组教师。他们开会讨论目标、关注点、问题和经历。小组提供了一个安全场所,使得教师可以参加诸多活动,例如协作开发课程和教材、检查教案、实施诸如同行培训、合作教学、行动研究和听课等活动。同时,在教师互助小组中,教师可以更好地认识他们的同事,并且可以以一个专业人士团体的身份发挥作用。这样,他们就不再是一个人孤立地工作了。正如黎波曼和格鲁尼克(Lieberman & Grolnick, 1998, p. 723)指出的那样,教师互助小组在"为教师提供机会去确认教师知识和教师质询"方面都起到了主要作用。

然而，教师互助小组不是员工会议，也不是像工作坊一样的在职活动，它不应成为另一个讨论学校问题、政策、人事或者行政事务的机会(Birchak et al.，1998)。因为教师互助小组是一个自发而不是所有教师都参加的活动，这种活动并不是讨论和解决那些影响学校全局事务的合适平台。然而，互助小组提出的问题可能会成为一次员工会议的核心议题。互助小组有时还有其他的名称，比如学习小组、教师网络和学习群。我们把所有这些类型的教师组织结构都归在"教师互助小组"这一范畴之下。

二、教师互助小组的目的和益处

教师互助小组可以实现以下多种目的：

- 检讨和反思教学。教同一门课的教师可以定期聚在一起讨论他们所使用的策略、方法和教材，并可以定期评估课程。
- 开发教材。互助小组的成员可以把自己用来教授各种技能(说、听、写、读)的教材带来，并同小组其他成员进行讨论。另外，小组成员还可以一同协作开发教材，如小组可以利用用于培养诸如阅读能力的真实教材来准备一些练习和活动。通过这种方式，成员们可以建立一个可供小组成员使用的小型教材图书馆。以下花絮是四位对外英语教师在美国的一个大学的语言中心教同一批中等程度的学生的案例。花絮总结了他们如何达成一致意见，认为课程主任给他们提供的教材不适合学生。于是，他们决定开小组会议来探讨针对课文可以做些什么。

🔖 花絮

我的同事和我决定改进一下我们使用的教材。简单地说，这本教材在课堂中不能激发学生参加讨论的热情，因为该课本强调的是西方的话题(主题),而这些来自亚洲的学生很难理解这些内容。然而,在第一次会议结束后,我们决定并不完全放弃课本,因为课程主任已经要求学生买了这本书。另外,我们认为课本中仍然还有一些可供学生学习的有用的语言点。于是,在随后的几次会议中,我们决定把课本分成四部分。这样的话,每位教师就可以找到补充材料并加到自己负责的那一部分中。我们还决定每一次都会集中讨论教材的一部分。在这样的会议上,教师可以介绍他所找到的材料。这些材料同课本中特定的章节的主题或者中心相关。但这些材料也起到桥梁的作用,以帮助亚洲学生理解题目。这个过程进行得比较顺利。后来又来了一组不同文化背景的学生,我们能够迅速改变材料的重点以满足需要。

哈罗德·宾尼特(Harold Bennet)

反思

- 这些小组成员会面并讨论问题,你认为他们从中会有什么收获?
- 你解决这一问题的方法是什么?

- 试验新的教学策略。小组检讨了一个新的教学策略(如"拼图阅读"的协作学习策略)。一名教师向班级演示了这一点。后来,小组成员可以在自己班级里试验,并且小组成员也可以开会讨论他们的经历。一系列的新策略通过这种方式得到探索。
- 同行听课。小组成员轮流相互听课并在小组会议上讨论听课结果。听课中收集到的资料(如录音和录像资料)可以借助小组成员的经历和认识来讨论。
- 观看录像。小组成员可以观看一系列的教师培训录像并讨论如何把他们看到的内容应用到自己的教学工作中去。以下花絮讲的是三位来自不同机构的韩国对外英语教师的情况。他们在韩国的一次国际语言学习和教学会议上听到了一位著名学者关于教师发展的发言。在听完发言后，他们决定定期开会来讨论教学问题。他们想要对自己的课堂进行录像并且一同观看。

▶ 花絮

　　当时我们都在首尔教学，并且我们几所学校距离也不远，坐地铁两三站就可以到达，所以我们决定可以在一个完整的学期相互听课。然而以前我们从未这样做过，因此我们需要决定由谁来录像以及在观看录像的时候我们如何讨论课堂问题。当我们经历了被录像的恐慌后（特别是在熙，因为她最缺乏经验），我们稳定了下来，并按照正常的方式讲课。经过三轮听课和录像后，我们开会讨论这些录像带。我们开了几次会议，每一次讨论一位教师的一系列课堂录像。在经过录像以及对之后的课程进行小组讨论后，我们学到了很多东西。

朴熙顺（Heesoon Park）

▶ 反思

　　• 你觉得同其他教师一起观看自己的课程录像带，小组成员的最大收获是什么？

　　• 针对录像的过程，小组应当制定什么规则？

　　• 写文章。小组成员可以一起写文章发表。例如小组可以准备一些关于他们成功的教学方法的文章并向教学方杂志投稿。以下一位中国香港地区的教师的花絮就说明了这一点。

花絮

我在一所大学的英语系工作。每学期有兴趣参加小组活动的教师通过报名自己选择某一主题小组。最近我们建立了4个小组,每组4—5人。这些教师都对写论文和发表论文感兴趣。首先,每个小组需要找出他们要写文章的相关主题以及他们想要投稿的机构。我们分析了以前几期的杂志,以便了解其中发表的文章以及我们需要在文章的水平、风格和格式等方面付出的努力。然后,我们集思广益,找出我们可以写的主题。在我们小组中,我们建立了两个写作团队。我们开了几次会来审查文章初稿并提出修改意见。后来,我们投稿并有几篇稿件被《TESOL新思路》(*TESOL New Ways*)系列杂志收录。

蒂诺·马霍尼(Dino Mahoney)

反思

- 在你的教学环境中,你认为哪些种类的教师互助小组可能有益处?
- 在建立教师互助小组的过程中,你能预计会出现什么困难吗?

- 邀请校外专家做讲座。小组可以邀请一位在小组某个感兴趣的领域有经验的专家来做讲座。
- 开发研究项目。小组可以开发能在课堂中开展的行动研究项目。例如,小组成员可以收集有关批改学生作文的资料并分享自己的发现。
- 安排座谈会。小组成员可以轮流调查小组感兴趣的题目。然后,他们可以引领有关这一题目的讨论。小组成员也可以计划以小组的身份参加语言学术会议。

我们建议通过向教师征求建议的方式找出适合互助小组的研究主题。或者,这一过程还可以成为年度员工总结的一部分。当教师加入小组时,在某种程度上他们被赋予了力量,因为作为教师个人,他可能在机构的员工等级制度中受到自己职位的限制。例如,教师可能感到不方便提出在教授某门课程中所遇到的困难,因为这门课程是由课程协调员设计的。小组的结构没有等级观念,所以组员的职位被放在一边。如果小组成员不把他们的职位放在一边,小组就不会作为一个整体来进步,也不会有效地发挥作用。詹姆斯(James,1996,p. 94)指出:"如果一名小组成员利用小组的团结精神去支持其他成员并得到他们的支持,这名成员就会被赋予力量,在其他方面也会做出出色的成绩。"

我们发现比起"独立行事",参加具有互助精神的教师互助小组会有一些益处。以下是其中的一些:

- 更强的意识。通过把他们的经历与小组中的同事分享,教师们可以更清楚地意识到语言教学中的复杂问题。以下的花絮勾画出了小组会议对泰国的教师互助小组中的一名教师产生的积极影响。

花絮

小组帮助我关注教学中的某一具体问题。随后,他们(小组成员)都帮助我反思这一问题。他们认真地听了我的问题,然后给我提供建议,告诉我如何在课堂中增加学生的说话时间。我自己的话是不会达到这一反思目的的。他们都很支持我。

琳达(Jinda)

反思

- 通过与其他教师交谈，你逐步认识到了自己教学中的哪些问题？

- 增加动力。作为小组的一员，教师可能更有动力参加互助小组之外的其他职业发展项目。例如，在座谈会和会议上发言陈述。
- 有效的教学。参加教师互助小组后，成员们可以分享和评价各位小组成员的教学方式和方法，这会为教学带来更有效和更具创新性的变化。
- 给学生带来的益处。互助小组经常关注与学生和学习相关的问题（比如讨论教学和学习策略的问题）。这会给学生带来明显的益处。
- 摆脱孤立。大部分情况下，教师独自在教室中工作。参加教师写作小组可以帮助教师摆脱这种孤立，并可以帮助教师培养一种彼此分享的态度。
- 增强信心。因为参加了小组，教师可以发现他们的自信心和对工作的信心增强了。
- 提高教师的创造力。教师互助小组为教师服务，并由教师管理。他们可以从那些愿意与同事分享经验的一线教师的专长和经验中获益。

三、教师互助小组的类型

教师互助小组可以由多种方式组成（Birchak et al., 1998; Kirk & Walter, 1981）。本节总结了其中的一些方式。

1. 按课题分组

建立这种小组的目的是讨论具体的大家感兴趣的题目，比如教授英语中级写作、教授儿童英语、进行行动研究，或者小组可以能对近期教育界所关注的诸如标准运动做出的反应。一旦所涉及的问题得到探讨和辩论，后一种小组开会的时间便可以相对短一些。

2. 校内小组

校内小组的成员由来自学校内部不同的教育者构成，包括教师、教辅人员、图书管理员、多媒体教室技师和督学。这种小组关注的重点是大家共同感兴趣的问题。例如，小组可以试图讨论一项学校的质量保障政策和质量保障程序，然后再继续讨论影响学校整体的其他问题。

3. 同类教师小组

可以通过成员的类别原则来成立（如写作教师、协调员、儿童教师）。小组成员开会讨论与他们所从事具体教学相关的问题。

4. 阅读小组

成立阅读小组的目的是为了阅读和讨论专业书籍和文章。小组成员可以把从阅读中获得的感悟应用到自己的课堂中。

❧ 花絮

在我们大学的英语系中，我们经常使用阅读小组来帮助自己了解最新的理论和实践领域中的问题。通过电子邮件信息布告栏，我们首先找出教师们感兴趣阅读的内容以及感兴趣参加（或者协调)阅读小组的人选。最近,我们发现大家感兴趣的题目是测试、类型理论、专门用途英语(ESP)和教师发展。在一名专家的帮助下,协调员为我们整理了一套文章供我们在两周一次的会议上阅读和讨论。小组成员轮流准备讨论的问题。阅读小组的优势在于:通过与同事交谈,我们能够读到一些平时一般没时间读的东西。通过与同事讨论阅读材料,你可以学到很多东西,并且可以把获得的一些想法用到自己之后的教学工作中。

蒂诺·马霍尼(Dino Mahoney)

▶ 反思

- 你有兴趣参加在本节至此所讨论的哪种类型的小组?
- 通过参加教师互助小组,你最想得到什么收获?

1. 写作小组

小组可以集中精力去准备要发表在教师杂志和专业期刊上的文章。

2. 研究小组

研究小组的成员包括那些研究大家共同感兴趣的课题的教师,正如我们讨论过的行动研究的例子。小组决定需要调查的问题,收集问题的相关数据,并且定期会面来分享和讨论这些发现。

3. 虚拟小组

虚拟小组的成员通过互联网进行沟通和互动。例如,TESL-L就是一个为对外英语教师设立的讨论小组。

4. 教师网络

有时在被称为教师网络的组织中可以存在两种类型的小组，即校内的同事小组和市区级的教师小组。学校中的同事网络也可以在校外和学校所在的市区内发挥作用，并且后者可以同前者联系起来。例如，一组对语法感兴趣的教师可以在校内组织到一起，一同来决定在课堂中引进更多交际语法活动的最优的方法。这一小组之后可以联系学校所在市区内的其他类似的小组。这样，他们可以相互比较在这一课题中各自所做的工作，然后决定他们各自小组内是否有给对方小组提建议的合适人选。

四、成立教师互助小组

教师互助小组不仅可以在校内工作。它的范围可能扩展到几所学校或者校区，甚至是其他组织中。成立教师互助小组的过程将会取决于小组的目标。尽管如此，在筹建互助小组的时候，也要考虑某些问题。它们是：小组成员、小组规模、小组的组织结构、小组的目标、小组的活动时间、小组的会议地点以及要解决的问题。

1. 小组成员

创建教师互助小组的关键一步就是找到想要参加小组协作项目的其他教师。首先应当决定如何招收小组成员。可以直接招收成员（小组的创建人或者推动者联系其他潜在的成员），也可以间接招收成员（小组的创建人或者推动者请求学校或者督学和协调员推荐或者找出潜在的小组成员），还可以通过其他小组成员招收成员。

2. 小组规模

一旦组员的问题得到解决,小组的规模就成了关键问题。柯尔克和沃特(1981)提出,小组的理想人数应当是五至八人。他们认为如果人数太多,有些内向的组员就很容易保持消极的态度而不愿积极参与活动以实现小组的目标。他们指出,规模小的小组在调整时间安排、鼓励更深入地参与和控制小组凝聚力方面有更大的灵活性。尽管规模大的小组可以从组员中获得更多的信息,但这种规模的扩大使得组员个人的参与时间缩短了。一种可能的折中方法就是在完成某些任务时,大组可以分成若干小组,并且小组开会要频繁一些。

3. 小组的组织结构

小组可以以各种不同的方式来组织。这取决于小组的目标以及小组想要完成的任务。对某些互助小组来说,一个重要的问题就是是否应该有一名组长。根据我们的经历,在促进小组活动顺利进行的过程中,一名有效的推动者通常是很关键的。他的主要职责包括组织会议、讨论日程、设定讨论的重点问题、总结并提出结论。

4. 确立小组目标

一旦小组建立,小组目标就必须提到议事日程上。尽管在小组成立之前,小组已经确定了总体目标,但是小组成立后,小组全体成员还可以对这一目标进行讨论并且在起初的几次会议中继续完善。沃尔夫和维西莉亚(Wolff & Vera, 1989)指出,如果小组成员相互不认识,他们可能想要朝短期目标奋斗。因为这样就可以在有限的时间内实现目标。教师随后可以重新评估小组的进展情况并且制定新的或者更长期的目标。

5. 小组的活动时间

在每一个教师互助小组中花多少时间取决于小组的中心议题以及小组成员愿意做出的承诺。

此外，可能经常需要根据学校其他部门的计划来调整小组的活动时间安排。

6. 小组的会议地点

一个合适的会议场所对保证小组的有效运行是重要的。其中要考虑的因素包括隐秘性、舒适度、房间大小和受干扰情况。

7. 解决问题

一些活动中的成员有不同看法、个性、关注和目标。同这些活动一样，教师互助小组也会遇到问题。通常只要小组成员们都致力于小组的成功并且愿意听意见的话，这些问题可以相对容易地得到解决。欧力分特（Oliphant，2003）提出的一些建议可以有助于避免问题的发生。例如：

- 不要花太多时间抱怨，特别是不要针对一个人抱怨。要同时关注"成就和成绩"。
- 提供支持性的反馈意见。
- 记住，小组的目的不是要给个人问题提供解决方案。要解决这些问题，专业帮助是值得建议的。
- 会议中要进行正式交谈，不要进行非正式的闲谈。
- 关注实际问题，要试图尝试新的想法，而不是仅仅讨论它们。
- 在解决问题的过程中，要彼此给予鼓励和支持，而不是抱怨。

五、总结

教师互助小组为教师们提供了一个平台。在这个平台上,他们可以讨论一些重要问题,同时也可以在一种轻松的氛围内从有共同想法的教师那里获得支持、建议和帮助。根据目标和组员的不同,小组可以分为多种类型。在机构中,互助小组可以帮助成员培养一种协作文化,并且使得受过不同等级培训以及具有不同经验的教师能够相互学习,一起努力探索和解决问题。下面是一项教师学习小组的实例:

1. 教师互助小组:EFL(非母语英语课程)

在韩国的首尔成立了一个语言教师互助小组(详情请参见Farrell,1999)。以下是对有关情况的概述。

(1) 成立小组的原因

4名小组成员都在各自寻找一个小组,以便找到答案来解决自己在韩国英语教学中遇到的各种问题。每名成员都自愿加入小组来讨论他们的工作。然而,其中的一名教师对反思的整个过程表现出某种程度的犹豫。她说:"一开始,我对参加小组表现出犹豫,因为我的时间很紧。但是我又感觉到我有必要参加这些活动,有必要讨论我们的课堂,并发现课堂中所发生的事情。我忍不住让自己加入了小组。"

(2) 小组成员

小组成员包括小组的推动者和发起者汤姆以及其他3名教师。这4名组员包括两男两女,两名亚裔人和两名白种人。两名亚裔女性教师有五年的教学经历,而两名白人在教授对外英语方面有10年的教学经历。其中的两名教师是首尔一所大学的全职教师,另外一名是首尔一所大学的兼职教师,而最后一名是在首尔一家私营企业中教英语课。

(3) 小组目标

教师互助小组聚集在一起的目的是要成为更加具有信心和反思习惯的教师。初期的目标是很笼统的:反思教学、讨论理论和彼此听课。

(4) 小组活动

教师互助小组计划了3组不同类型的活动:小组讨论、课堂听课和撰写教学日志。4名组员每周开一次会来讨论教学问题。每次会议持续3个小时,一共进行了12周。最初的几次讨论由汤姆带领。讨论的题目是在前几个星期中他和其他小组成员在讲课中出现的被认为是重要的事情。然而,随着小组活动的开展,小组成员开始轮流带领讨论。讨论的话题也多种多样,其中包括包括生活经历、缺乏讲大课的能力、学生对课堂提问做出的反应、管理不参与课堂活动的学生、会话课的教材、提供反馈和如何做教师、鼓励学生参加小组活动、提供清楚的指令、提开放性的问题以及把指令写在黑板上等。

(5) 问题

尽管所有的小组成员说小组会议对他们帮助非常大,但在会议进行的过程中也遇到了一些问题。一个问题就是每次会议缺乏明确的目标。因为每一次会议的目标从一开始就没有被具体指出来,一些参与者感到他们对整个反思过程的方向不明确。这同小组经历的各个阶段似乎发生了巧合:第一阶段是"相互了解阶段"。这一阶段一直持续到第五次会议。第二阶段是"反思阶段"。这一阶段在余下的7次会议中都存在。在第一阶段,小组成员们发现很难说出一些有关他们教学的事情,因为他们仍然在试图建立信任。即小组成员愿意向其他人公开哪些问题以及那些获得信息的人会拿这些信息做什么。另外,尽管全部4个人都同意在反思过程开始就写教学日志和相互听课,但是不同的小组成员对这些活动有不同的解释。例如,小组决定不相互听课,而是只让汤姆这位推动者自己去听课和为课堂录音。最后,一位教师因为预料之外的原因决定中断别人听自己的课。这位教师也停止写日志了。这位教师说在讲课的时候,如果有人听课,她会感到不舒服并且她也不想写关于教学的日志。

(6) 评估互助小组

尽管小组遇到了一些问题,但是所有的成员都觉得这一经历是很有价值的。他们相信小组赋予了他们力量,即便不能让他们更具洞察力,也可以让他们变成更好的教师。他们认为参加这种小组的其他人也能同样受益。例如一名组员非常喜欢小组讨论:

> 小组成员都很出色。我尤其被他们对教学态度和热心吸引。他们不介意暴露自己的想法、自己备课和教学的方法。另外,他们也接受了我与他们之间的差异。

另一名小组成员发现小组学习的经历是他自己把对外英语教学职业生涯中的一个高潮。这是他第一次经历这样的反思教学:

> 我从来没机会谈论教学……这些谈话(话题是关于课堂中发生的事情但并不局限于此)对我来说极其重要,并让我感到兴奋。

2. 教师互助小组:ESL(非母语英语教学,英语作为第二语言)

这一小组(他们自称为学习群)的10位教师来自同一所学

校。其中还包括一名语言咨询员和一名来自新加坡教师网络的推动者。新加坡教师网络是政府出资创办的教育部范围内的教师网络(详情请参阅 Tang,2001)。成立这一小组的目的是要探索教授小学生语法的策略。学校中的大部分学生都具有非英语母语的家庭背景。他们的语言水平属于中等或者中下等。在学校中,他们在与同学用英语交谈时有困难,并且他们几乎从未读过英语书。这种在英语口语和阅读能力方面的缺乏会导致他们写作能力低下。另外,他们对语法只有初步的认识,所以大部分教师都担心在语法课上学生对课程不感兴趣,精力不集中。因此,10位教师聚集到一起来讨论他们主要担心的问题,即如何使得语法课不仅有意思,而且还有好的效果。大家希望通过这些分享的过程,可以找到成功的策略。

(1) 小组目标

学习圈的成员们决定努力找到以下问题的答案:

① 哪些策略可以有效地调动学生们学习语法的积极性?

② 在用课文来教授语法的过程中,是否可以加入语法训练和练习?

(2) 小组活动

在3个月的时间内向学习群介绍了4种不同的教语法的方式。每位教师在他们各自的课堂中试验了这些方法:关注形式、增强意识、处理语法指令和纠正型反馈。这些内容通过以下方式向小组成员进行了介绍。

一是关注形式。在强调意义的活动中,当需要产生时,教师就教授语法。用于解释这一教学方法的实例是按照以下方式进行的。在完成撰写读报报告这项关注意义的任务的过程中,学生可能遇到诸如不理解英语中使用被动语态的原因和方法等问题。教师让学生停止撰写报告,并让他们关注被动语态的问题。

二是增强意识。教师通过提高学生对某一语法项目的关注来讲授语法。这样的话,学生可以记下所要掌握的语法结构。在强调了所要掌握的语法结构后,学生必须比较教师输入的知识和他们自己的话语及文字。通过这样做,他们就能注意到自己的错误(注意到"差距")。老师还能让学生意识到"注意陷阱"的可能性。因为即便他们知道规则,但在交际环境中,他们也可能不会自发地使用正确的结构。

三是处理语法指令。教师让学生意识到语法条目背后的意义。例如,为了让学生能够区别一般过去时和过去进行时,老师可以给学生这两个句子进行比较:She was waiting for me at the bus stop; She waited at the bus stop.

四是纠正型反馈。当学生犯明显或者不明显的错误时,教师纠正他们。

在每一次学习群的会议中,小组成员练习2—3种方法。他们还同时讨论将这些方法应用到课堂中的方式,特别是以有效和有趣的方式运用。学习圈的成员们决定把这些策略与诸如角色扮演、字谜和游戏等活动结合起来。

(3) 评估小组

为了评估以这种方式教授语法的结果是否成功,教师在学生作文中关注过去时。教师们发现增强意识的方法在学习群的成员中使用得最为频繁,因为这种方法需要学生付出的努力最少,并且也不会占用多少课程时间。基本上来说,在阅读课文的时候,教师让学生在所有过去式的动词下面划线。然后,教师让学生解释这些划线单词的功能,用这种方式来检查他们是否知道规则。接下来,教师向学生们展示在他们自己的记叙文中如何正确使用过去时。然后,教师使用"注意到差距"的策略让学生们检查自己的记叙文中是否正确地使用了过去时。下一步就是一项写作练习，要求学生自发地使用过去时。经过六周这样的教导，教师给学生布置了另外一项写作作业。教师们发现学生们使用过去时的正确率有所提高。

教师们还使用了另外一些策略。比如把学生作文中的句子放到幻灯片上，让全班同学进行检查。教师们的确使用了处理语法指令和关注形式的策略。但是比起增强意识的方法，这两种方法使用得较少。

在小组项目中，经过对语法教学进行反思，学习群中的教师们得出了以下经验和结论：

成功的语法教与学都必须让学生成为积极的参与者。

要让学生感兴趣，必须准备各种不同的学习活动。

无论什么时候，都要把学生的真实生活经历带入活动中。

要让语法被学生掌握，学生需要一定的时间去学习语法。

最好把学生带入正确使用语法的环境中。

实施泛读计划可能会间接帮助学生学习语法。

语法错误是不可避免的。因此教师可能需要帮助学生巩固已经教过的语法结构(以训练的方式进行)。

以课文的形式设计的语法活动能够减少学生的枯燥感。

总体说来，学习群内的成员都发现当他们使用这些技巧"以一种全局的方式按照当前的趋势来进行语言教学的时候"，分享看法就变得非常有用了(Ang et al., 2000, p.71)。

参考文献和拓展阅读

Belbin, R. M. (1993). *Team roles at work*. Oxford: Butterfield-Heinemann.

Bertcher, H. J., & Maple, F. (1996). *Creating groups*. Beverly Hills, CA: Sage.

Birchak, B., Connor, C., Crawford, K. M., Kahn, L. H., Kaser, S., Turner, S., & Short, K. (1998). *Teacher study groups*. Urbana, IL: National Council of Teachers of English.

Farrell, T. S. C. (1999). Reflective practice in a teacher development group. *System*, 27(2), pp. 157 – 172.

Francis, D. (1995). The reflective journal: A window to preservice teachers' knowledge. *Teaching and Teacher Education*, 25 (2), pp. 229 – 241.

James, P. (1996). Learning to reflect: A story of empowerment. *Teaching and Teacher Education*, 12, pp. 81 – 97.

Kirk, W., & Walter, G. (1981). Teacher support groups serve to minimize teacher burnout: Principles for organizing. *Education*, 102, pp. 147 – 150.

Lieberman, A., & Grolnick, M. (1998). Educational reform networks: Changes in the forms of reform. In A. Hargreaves, A. Liberman, M. Fullan, & D. Hopkins (Eds.), *International handbook of educational change* (pp. 710 – 729). Boston: Kluwer Academic.

Liou, H. C. (2001). Reflective practice in a preservice teacher education program for high school English teachers in Taiwan, ROC. *System*, 29, pp. 197 – 208.

Matlin, M., & Short, K. G. (1991). How our teacher study group sparks change. *Educational Leadership*, 49, p. 68.

Oliphant, K. (2003). Teacher development groups: Growth through cooperation (Appendix A). In G. Crooks, *A practicum in TESOL* (pp. 203 – 213). New York: Cambridge University Press.

Schultz, B. G. (1989). *Communicating in a small group: Theory and practice*. New York: Harper Collins.

Sitamparam, S., & Dhamotharan, M. (1992). Peer networking: Towards self-direction in teacher development. *English Teaching Forum*, 30, pp. 12 – 15.

Tang, N. (2001). A compilation of teacher research: Papers presented at the Learning Circle Carnival 2000. *Singapore: Teachers' Network*.

Teachers' Network, Singapore. (2001). *Strategies for teaching grammar*, pp. 64 – 74.

Toseland, R., & Siporin, M. (1986). When to recommend group treatment: A review of the clinical and research literature. *International Journal of Group Psychotherapy*, 36(2), pp. 171-201.

Wolff, L. B., & Vera, J. L. (1989). Teachers' groups in Spain. *Teacher Trainer*, 3, pp. 14-16.

附录

教师互助小组实例的一些网站:

1. 微软课堂教师网络

   这家网站在教育方面为教师提供了有用的建议和观点。它描述了最好的教学实践以及同知名的权威就有关课程的话题进行的访谈。

   网址:http://www.microsoft.com/education/? ID=mctn

2. 语言教师网络

   教师和教育者在这里分享建议和资源。里面还有免费的简报和针对成员的作业库。

   网址:http://www.languageteachingnetwork.com

第五章

教学日志

一、教学日志的实质

教学日志以文字的方式连续记录了针对教学的观察、反思和其他想法。这种日志可以以笔记、书籍或者以电子方式来完成。它可以作为教师进行讨论、反思和评估的资源。日志可以被用来记录教学过程中出现的情况、问题和得出的感悟。它也可以记录一堂课,以方便教师日后回顾和检查这堂课。另外,日志还可以被当成一个同他人分享信息的源泉。以下这位语言教师的叙述描述了她从记录教学日志中学到的东西。

▶ 花絮

最近,我在记日志的过程中意识到我更加关注的问题是:课堂应该是怎样的,即:我更加关注教学计划和内容,而对学生实际上如何使用这些材料却较少关心。另外,教学日志迫使我日复一日地分析那些做着基本相同功课的同一批学生。直到有一天,在浏览一段时间内不同的日志内容时,我得到了这一感悟。也就是说,我发现了课堂中出现的这种教学模式,并且意识到我讲授完这些内容并不意味着学生学会了我事先准备好的讲课内容。现在我每天写日志的时候,我试图回答四个问题:我的学生今天学到了什么?哪些东西对他们的学习过程有帮助?哪些东西妨碍了他们的学习?我可以引用哪些证据来支持我的这些说法?因为我知道我可以很容易地获得自己的教学记录,我第二天就会迫不及待地去课堂中了解我的学生们下一步要做什么以及我的反思是否正确。现在,我开始以学生们的方式一起经历课程。我可以设身处地地了解他们的感受了。

简·霍克尔(Jane Hoelker)

▪ 反思

- 为什么写日志帮助简发现了自己教学中的一些问题?
- 你能看到坚持写教学日志有什么益处吗?

二、教学日志的目的和益处

撰写日志能够让教师记录课堂中所发生的事情以及他们所观察到的东西。我们已经发现,如果离开了这一记录,教师经常无法对课堂当中发生过的事情进行充分的回忆,也不能利用成功(有时是失败)的教学经验指导自己进一步学习。记录教学事件的过程经常会帮助教师从这些事件中得到新的感悟。

▪ 花絮

与备课不同,在一堂课中掌握好时间和管理好教学活动是另外一种技能。作为一个职业发展项目,我和一位教平行班的语言同事同时讲授历时一学期的一门课。我们决心监控自己做出互动决定的过程。我们决定探索以下问题：

（1）我们在什么时候偏离了教学计划？这样做的原因是什么？

（2）我们从彼此对自己教学计划所做的修改中可以学到什么？

我们二人都有教学日志。并且，在每一次下课后，我们都在自己教学计划中记录下自己对计划所做的修改。在期中和期末的时候，我们利用记录下来的修改内容比较我们二人对教学和课程所采用的不同的处理方式。我们发现，促使我们偏离教学计划的主要因素有时间安排和情感原因。后者包括群体动力和课堂"气氛"，目的是要促进教学方式的多样化，激发学生的课堂参与程度和调整课程的难度。这样做是为了回应课本教学任务中出现的问题，或是为了更好地组织课堂教学。有些修改源自多方面的原因。在讨论中，我们注意到一人比另一人修改的内容要多。于是，我们进行了进一步讨论，看看是否"更少的修改"代表某人教学计划做得比较好，还是因为他事实上做了其他的一些修改，但是并没有记录在日志当中。从总体上来看，我们发现这一经历非常有用，并且发现了一些我们过去没有完全意识到的有关教学的新问题。

玛丽莲·路易斯（Marilyn Lewis）

反思

- 同其他教师分享教学日志有什么好处？这样做可能会有什么不利之处？
- 你认为完成这个花絮中所描述的过程需要多长时间？

撰写教学日志可以帮助教师对她的教学方法提出质疑并进

行探索和分析。另外,撰写教学日志也为教师同自己的同行和督导进行交谈提供了依据。根据教学日志的读者的不同,写教学日志可以满足不同的目的。对于教师来说,日志可以帮助他们监控自己的教学实践,记录自己的教学过程,以供他人阅读以及记载自己成功的教学经历。日志也可以提供一种方式,让教师和同事一起协作,共同探讨教学问题。对同行、督学和导师来说,阅读一名教师的教学日志并对其做出回应可以鼓励教师进行反思性探究,也可以促进问题和顾虑的解决。

撰写教学日志为教师们提供了一个机遇,让他们能够"利用写作的过程描述和探索自己的教学实践"(Ho & Richards,1993,p.8)。通过不同形式的日志写作(个人撰写、为同行撰写、集体撰写以及对话式撰写),教师可以暂时远离教学实践,以便能够深入理解这一经历的含义。然而,我们发现,撰写教学日志也不是一件轻而易举的事情。这其中遇到的困难包括是否要同他人分享日志,有些人不会写反思性文章,以及日志写作需要花费时间。尽管如此,教学日志写作给教师提供了简单的方法,让他们更加强烈地意识到自己的教学和学习过程。通过写下自己一段时间的观察、想法和故事,教师可以看出教学中呈现的模式。当教师对这些模式做出解释后,他通常可以看出自己的成长和进步。在语言教学的背景下,撰写日志能够让教师陈述和复述自己的教学经历。这种做法也会让其他人受益。霍尔和理查兹对32位撰写教学日志的教师进行调查后发现,71%的教师认为日志有用,25%的教师觉得日志的用途一般,只有4%的接受调查者不喜欢写日志。以下是语言教师对写日志的一些看法:

- 写日志迫使你对一些事情进行反思,并让这些事情公开。
- 写日志让你思考那些在大脑潜意识中出现的东西。

- 写日志让你能够发现把自己的学习经历同所教的学生的学习经历结合起来的重要性。
- 写日志能够让你更清晰地意识到你的教学方法和学生的学习方法。
- 写日志可以就教学和学习的过程提出一些问题和猜想。
- 写日志是课堂研究的最自然的形式。
- 写日志能够促进反思性教学的发展。

三、记写日志的步骤

日志可以通过电脑的文字处理软件来撰写(个人日志),也可以通过电子邮件来撰写(小组日志),甚至可以通过"交谈"来进行,即把日志的内容用录音机录下来,以便以后进行分析。在需要的时候,也可以把录音磁带上的全部或者部分内容用文字方式记录下来。电子日志的一个优势在于这种日志可以很容易地发送给同行、督学或者教师教育者,并且可以立即收到反馈和意见。另外,两位教师可以共同协作完成日志的撰写。这样他们就会写出真正意义上的互动日志了。为了留存记录,教师可以考虑把电脑上的日志以及以电子邮件的方式撰写的日志打印出一份。以下的花絮描述了土耳其的一位教师是如何通过使用电子日志(e日志)来促进她的职业发展的。

▶ 花絮

在我的职业生涯中,电子学习日志已经成为我个人和职业发展中不可缺少的一部分。作为一名教师,在最近两年的时间里,通过撰写电子日志,我一直用批判性的反思方法来评价教学过程。这种通过每周一次的撰写电子日志来实现的反思性写作让我关注课程设计、课程设计的实施和评估等问题。另外,因为我系统性地撰写电子日志,我便有更多的动力去反思这些日志。在此基础上,我能够对这些问题进行结构性的计划、监控和评估。这一通过撰写电子教学日志而进行的持续和系统性的互动过程让我成为一名擅长批判性思考的教师。此外,我对在个人和职业发展中以及课堂教学中使用信息技术也产生了更加积极的态度。

艾瑟·虞穆克(Ayse Yumuk)

▶ 反思

- 撰写电子日志有什么好处?
- 长时间撰写日志,并且定期重新阅读它们有什么益处?

以下是就撰写教学日志提出一些建议的方法(Richards & Lockhart, 1994; Ho & Richards, 1993)。

1. 确定日志的读者:自己、同行和(或)指导教师。
2. 确定你的关注焦点:一堂课、一个技巧、一种方法、一种理论或者提出的一个问题。
3. 定期写日志(课后、每天或者每周一次)。
4. 定期浏览你写过的日志——每2周或者3周。

四、教学日志的读者

同一篇教学日志可能会有很多读者,包括作者、其他教师或者督学。

1. 教师本人

通常日志的主要读者就是教师本人。日志可以被当做记录个人思想、感情和对教学做出反应的记录。教师可以时常反复阅读日志以便从所写的内容中学到东西。有时候这也被称为个人日志(Gebhard，1999)。在个人日志中，教师为自己记录下每天教学中的问题。这种日志也可以提供一些可以归入教学档案的内容。在自我监控的课程中(参见第三章)，这种个人日志也会有用。通过查阅日志记录，教师可以发现可能在某一阶段出现的教学模式。

2. 其他教师

日志也可以同其他教师分享，并且可以作为比较、讨论和进一步反思的依据。这种日志有时也被称为对话型日志。在探讨教学问题的时候，这种类型的协作给教师们提供了一些机会，让他们支持对方或者在有些时候质疑对方。教师可以分享在不同课堂中有效和无效的教学方法，并且可以提出问题的解决方法和可供选择的其他教学方法。对话型日志在同行培训(第十章)的过程中起到的帮助作用显得尤为突出。在这种情况下，两位教师通过合作来反思他们目前的教学实践，培养新的教学、课程开发和(或)教材开发技能。或者他们也可以仅仅分享有关培训过程的意见。对于教师互助小组(参见第四章)中的每一名教师来说，教学日志也能发挥其作用，因为日志记录了小组成员认可的对于他们讨论有用的核心内容。在小组中，成员们彼此分享日志，目的是为了读出来给大家听，或者是为了得到大家的口头或书面意见。

3. 督学

有的时候，日志要同督学分享。比起一次简单的听课，督学能从日志获得有关教师教学的更加丰富的信息。如果日志是为督学写的,这种日志有时可被用来提问题或者要求阐明问题。通过讨论或者书面形式,督学或者指导教师可以对日志做出反应。如果日志是为督学写的,教师可以更加关注那些能够为促进职业发展提供证据的教学方面的内容。

五、对另一位教师的日志做出反应

当日志同另一位教师或者督学分享时,他们一般会对日志内容做出反应,对作者的观察作出评论、提出建议或者回答问题。反应可以表现为以下几种形式。

- 情感化和个性化的评论。写这些评论的目的是要同日志的作者建立友好关系,并减轻作者的焦虑感。这通常包括一些鼓励性的意见,比如"绝妙的想法!"或者"多么有趣的问题!"
- 程序性的评论。这些评论包括针对作者提出的问题所给出的建议。这些评论也许还包括教师、教育者或者同行教师所给出的期望。这类评论的一些例子包括:"我觉得我们应当更加经常地见面和交换日志""你想让我在哪里写评论?""你的日志要更加关注高级听力课吗?"
- 对问题的直接反应。有时,教师可能希望直接得到他们提出的问题的答案,因为他们需要知识来解决一个特殊的问题或者困境。这类反应包括:"在给这个班上阅读课的时候,你采用了自上而下的教学策略。我很喜欢这一点。然而,你想了解你如何能够调整对课堂的预测。我通常向班级展示文章的题目,然后让同学们去猜测文章的中心内容。然后,我有时使用 DRTA(直接阅读思考活动)把文章分段,然后让学生继续使用同样的预测策略。如果你想讨论这一问题的话,我们可以见面谈。"
- 理解反应。对于新教师来说,语言教学是一个充满不确定性的复杂过程。因此,理解来自同事的反应可以减轻教师的某些焦虑。举例来说,这种类型的反应可以是反映作者的感情和想法,例如:"在会话课上,你不愿意强迫那些腼腆的学生说话。你知道我完全理解你的这一做法。然而,我会提醒学生提高他们会话能力的唯一方法就是在课堂上进行练习。我也想知道,这种'腼腆'多大程度上来自语言、多大程度上来自文化?你的看法是什么?"

- 探索性建议。这些建议可以帮助教师更加深入地进行探索,从而对自己的教学有更清楚的认识。例如:"我也同意写作教学中应当让学生多打几遍草稿。下一步是要找出每一次修改过程中他们应当关注写作中的哪些问题。是语法?组织结构?还是其他什么?在前几次的作文草稿中,我让学生关注组织结构。直到他们写倒数第二稿的时候,我才让他们关注语法。你觉得你可以试试这一方法吗?"

- 综合性的意见和问题。这些意见非常重要,因为以前没有弄清楚的环节(以前的日志中)现在变得清晰了。综合性的意见能够帮助教师理清以前日志中的问题。比如:"在你最开始的几次日志中,你提到你曾经让你的学生在课堂上多用英语交谈。最近你又写到你的学生在课堂上交谈的时间超过你讲课的时间。你认为导致这一巨大转变的原因是什么?你觉得是同你日志中关于安排座位的'讨论'有关吗?或者,你还是认为这同你改变座位的安排有关(以前是前后排列座位,现在把座位排成一圈)?"

- 主动提出的意见和问题。这些问题能够帮助教师关注他已经遗忘或者曾经回避的问题。有的时候,一位客观的读者更容易从字里行间读出内容。这就会给日志的作者提供另外一个不同的视角。这些意见可以问题或者评论的形式出现,例如:"我注意到在过去的12周中,你写了20篇日志。这的确不错。然而,我注意到的一个模式是你不愿意在你的会话课中去观察你的交流模式,而你却怀疑自己是不是说得太多了。另外,在另一篇日志中,你提到你的学生没能很快地回答你的问题。你认为你的学生不愿意回答问题的原因是什么?我也很想知道你是怎么看你课堂中的交流模式的。"

项目协调员可能想鼓励他们的教师用本章描述的模式写教学日志。这些日志日后可以进行编辑并且放在教师的教学档案中作为他们反思的证据。当然也可以鼓励教师组成小组,并且一起反思他们的日志(参见本章接近结束的时候出现的例子——三位教师一同反思他们的日志,Brock, Yu, & Wong, 1992)。

六、进行日志写作

根据我们的经历,要成功地进行日志写作,需要记住以下一些因素:

1. 确立日志写作的目标。确定一下你为什么要进行日志写作以及你想从中得到什么。如果你没有任何具体的要点,只想用笼统的方式记录自己的教学实践,那就不要进行任何判断,并选择任何一个诸如"一堂难忘的课"之类笼统的主题,然后在某一固定时间段内坚持这样的写作。

2. 确定日志的读者。你是为自己、为同行还是为督学写日志?不同的读者会如何影响你的日志内容和写作方法?

3. 准备好腾出时间来写日志。写日志需要时间,想要充分利用日志的教师一周至少需要留出来两个小时的时间来做这件事。教师应当决定写几篇日志以及每篇日志篇幅有多长。这两个问题的答案都取决于写日志的目的。

4. 为日志写作分配时间。没有必要花时间来计划和修改日志。最好是直接不停地写 6—10 分钟而不必担心拼写、语法和组织结构。然而,如果你的日志是要给督学看的,你可能过一段时间后想要对它的内容和组织进行检查。

5. 定期浏览日志,以便发现你能从中学到什么。要随时检查日志,并且努力在不同的日志中建立联系或者看看自己会产生什么想法和理解。这样做是十分重要的。

6. 评估日志写作经历,看看它是否达到了目标。过一段时间后重新阅读你的日志,看看它是否实现了你的目的,它是否记录了你的成功经验,让你获得了新的认识或者促使你同另一位同事分享自己的经历。

理查兹和洛克哈特(Richards, Lockhart, 1994, pp. 16-17)建议在着手写教学日志时应通过提出不同的问题来开拓思路。以下问题可能会成为你教学日志写作中的重点。

(一) 有关教学的问题
(1) 你设定的教学目标是什么?
(2) 你成功实现这些目标了吗?
(3) 你使用的是什么教材?效果如何?
(4) 你在教学过程中采用了什么技巧?
(5) 你是如何对班级进行分组的?
(6) 是教师在主导课堂吗?
(7) 你课堂上的师生互动是如何开展的?
(8) 你课堂上是否出现过十分有趣或者出人意料的事情?
(9) 你授课时是否遇到过问题?
(10) 你教课时是否尝试过与以往不同的方法?
(11) 在教学过程中你是如何决断的?

(12) 你的教学过程有无偏离教学计划？为什么？这种偏离对教学影响的利弊关系如何？
(13) 你讲课时的主要亮点在哪里？
(14) 教学过程中的哪个环节你认为最成功？
(15) 教学过程中的哪一部分你认为最不成功？
(16) 假如再讲一次，你是否会考虑换用一种方法？
(17) 你的教学理念是否在教学实践中得到了体现？
(18) 你是否在教学中发现了新的东西？
(19) 你认为在教学中应寻求何种改变？

(二) 有关学生的问题
(1) 今天在课上你是否与所有学生进行了互动？
(2) 学生在课堂上的积极性如何？
(3) 对于学生不同的诉求你是如何应对的？
(4) 学生是否觉得这堂课有挑战性？
(5) 学生在课上真正学到了什么？
(6) 学生最喜欢课上的哪个部分？
(7) 学生对课上哪个环节反应平淡？

(三) 作为语言教师的问题
(1) 我的语言教学思路从何而来？
(2) 目前在个人职业发展中我处于什么位置？
(3) 作为一名语言教师，我如何实现自我发展？
(4) 我作为语言教师的强项是什么？
(5) 目前我有哪些不足之处？
(6) 我在教学中是否有相互冲突的地方？
(7) 我如何改善语言教学？

(8) 我应该怎样帮助我的学生？
(9) 语言教学带给我何种满足感？

下面的例子说明了一位在日本某大学的教师是如何利用教学日志帮助她提高教学的方方面面的。

▶ 花絮

"对于那些思想活跃的学生来说，经常激励他们很有必要。"之前，学生们就肉食主义和素食主义做了一次课外调查。我将班级学生按4人一组分开，让他们根据观察的情况写一篇报告，然后向全班反馈。学生们的表现使我越来越感觉到班里学生程度上的差异。在听取反馈报告时，能力较强的同学很明显对能力一般的同学的表述没有什么兴趣。

艾伦·海德（Ellen Head）

▶ 反思

- 就短文中艾伦提到的问题，你有何建议？
- 班上学生层次参差不齐时，还可能出现什么问题？

七、写下思考和观察的内容

教师一般采用两种方法在日志中记录自己的思考过程及观察所得。

- "意识流"法。当日志读者为教师本人时，"意识流"的写作方法就显得非常必要。这种方法的优点在于教师可以将注意力集中到对教学本身的感觉和思考上来，而不用顾及语法、文体或者篇章结构。这种探究型的写作方法可以很好地激发教师的思维和意识，并供后期研究和分析，以便发现重复出现的模式。

- "编辑校订法"。当日志读者为其他教师或督学时,日志行文就应该正规了。这样,同行或日志作者的指导教师在阅读日志时就可以在日志正文四周的空白处添加批注。

下面这则短文讲述了一位泰国教师是如何组织自己的教学日志的。

花絮

为了避免日志过于冗长(同时还要让它发挥最大的作用),我试图从教学中自己感兴趣的部分选择具体的事件进行记录。可记录的问题很多是有关课堂教学的,不过也不一定必须这样。最近,我参加了我所在的大学组织的一项英语辅修课程的设计。该课程的授课对象是信息技术专业的学生。在课程设计方面我自认为颇有经验,但在先前的设计中我经常在论据还不充分的情况下就下了结论。认识到这一点时我着实被自己吓了一跳,这种状况显然不能令人满意。考虑到课程设计对学生学习的重要性,我决定对这次设计的整个过程进行记录,以求发现影响课程实质的决策到底是如何做出的。为此,我分别与信息技术专业和语言专业的教师进行了沟通。接下来,我坐下来准备设计。然后,我用了15分钟左右的时间随意记下课程设计过程中的一些构思和想法。在记录时只要手记的速度能跟得上我就尽量采用"意识流法"。几周过后,我面前便堆起了一摞参差不齐的纸,上面写满了我对课程设计的想法。一切看起来都不错,似乎可以就此停止了。不过为了真正了解课程设计的过程,有必要在完成日志记录时对其进一步处理。我首先通读了一遍日志,并像给学生修改作业那样写下问题和评语,要求进一步阐明和解释原因。接下来,我又对日志进行了通读,添加一些内容,并尽力回答先前提出的问题。此后,我对日志进行了研究分析,试图找出可供应用的模式。我的研究重心放在了那些多次在日志中提到的要点。最后，我把我的研究和有关课程设计的文献进行了比较。通过这一系列步骤，我发现在我的课程设计中存在突然跳跃的现象，我想这大多是因为下决定时个人偏好占了上风。另外一点让我深感不安的是在分析课程需求之前就给出结论的做法。通过这次日志记录，我觉得有很多地方值得反思和重估。之后的课程设计中，我要努力做到下决定时不再依据个人的喜好，而是课程真实的需要。

理查德·华生·托德（Richard Watson Todd）

反思

- 采用"意识流"法撰写日志的优点是什么？
- 为什么理查德会编辑自己的日志？

波士那（Posner，1996）建议用以下通用形式撰写对话式日志：

- 日志记录的日期和时间。一篇日志只应记录一天内发生的事情，而且应在当天记录，以防忘记。
- 扼要说明事件的顺序。简明地列出全部事件可以帮助你更好地记录当天所发生的事情。
- 详细阐述事件。选择一件或两件对你至关重要的事情来记录。这些事件可以是令你兴奋的，使你厌烦的，或者是能让你反思的。然后，描述一下事件的细节和你当时的感受以及学生对该事件的反应。
- 事件分析。提出你对事件成因的分析，说明一下为什么该事件对你来说很重要以及你是如何解释这件事的。

下面这个例子讲的是韩国的一节 EFL 学生（以英语为外语

的学生)的语法课。教师对这节课的日志进行了编辑。短文按顺序记录了上课刚开始时发生的一些事情。

▶ 花絮

开始上课时发生的事情(以时间为顺序)
- 像往常一样宣布开始上课。
- 检查作业。
- 注意到多数学生并未完成作业。
- 感到恼怒和失望。

事件：

上课的前15分钟,我和学生一起回顾了上次布置的语法练习作业,内容是有关英语冠词 a、an、the 的,因为我发觉他们在写作过程中经常混淆这些冠词的用法。我通过给他们发讲义,讲解有一定难度的语法练习来吸引学生的兴趣。首先让他们认识到的确是犯了语法错误,然后尽量给出正确答案。我发现学生们已习惯于做填空类的练习,结果他们忽视了冠词错误背后的原因。鉴于此,练习时我发给学生一段文章,并拿掉了其中所有的冠词,旨在让他们能够思考语法知识——首先意识到自己的确犯了语法错误,然后进行改正。我期望他们也能将这种方法用于同学间的作文互批当中。

片段：

大约用了10分钟的时间,我绕着教室边走边向学生们提了若干有关冠词的问题。我注意到很多人根本就没有做我留的作业。我失望至极,因为我花了很多时间准备作业(讲义),而且我在如何讲授冠词方面下了一番功夫,费了不少心血,因为他们在书面语和口语中犯的冠词错误实在是太多了。对于我所做的努力学生们并不领情,他们懒得去改正书写和口语中的冠词错误,这让我真的有些恼怒。要知道,这种事情在我以前的课上可从未发生过。

分析:

在这个阶段,说实话,我还找不出解决上述问题的办法。他们只是缺乏学习语法特别是冠词的积极性吗?这是他们没完成作业的原因吗?或者是他们根本就不知道如何去完成我布置的那些作业?也有可能是他们暂时还不能接受这种练习方法(首先找到语法错误,然后加以更正)?也许他们仍旧习惯于那种填空式的语法练习?也许我本应该就这种练习形式对提高语法水平的作用做进一步的解释说明?对于学生的这种抵制情绪,我还要找出原因。

艾瑞克·哈姆森(Eric Harmsen)

反思

- 你认为艾瑞克的日志的主要读者是谁?
- 你认为艾瑞克从事件记录中学到了什么?

八、选择日志主题

需要强调的是,教师在写日志时必须有的放矢,绝不能为了写而写。值得写的主题有很多,比如教师的个人学习、发展、成长或者对课内外所发生问题的思考等。有时日志也可以着眼于教师期望通过日志来探索的具体事项。这样,日志的条目都必须与此主题相关。这种事项可能包括以下方面:

- 对讲课进行评估。重点在于分析哪个环节做得好,哪个环节还有待改进和变化。
- 教案的变更情况。

- 纠正语法或标点错误的策略。
- 授课过程中出现的词汇问题。
- 遇到的棘手问题及应对办法。
- 教师认为必须解决的问题以及解决问题的建议。
- 监测在口语、听力和(或)写作方面进步缓慢的学生。
- 如何更好地利用阅读材料的想法。
- 如何处理课堂管理过程中的问题。
- 如何管理在英语课上总是说母语的学生。
- 如何处理班上来自不同文化背景的学生之间的关系。

▶ 花絮

最近,一位同事建议我在写日志时把重点放在成功的教学事例上来,并尽量去解释为什么这样上课会取得良好的效果。这的确是个不错的主意。我现在的教学日志不光写那些"问题"课,也写成功的经验。在我重读上学期的日志时,我发现课上所发生的事情更加容易梳理了。

艾伦·海德(Ellen Head)

▶ 反思

- 通过在日志中记录成功的教学经历,你认为教师可能有何种收获?
- 教师在日志中探讨教学过程中出现的问题有助于该问题的解决,你对这种说法有什么看法?

九、总结

日志用来记录教师的教学经历。教师可以利用记录日志的过程来反思教学。日志中所记内容条目可以为教师和同行或督学间的交谈提供必要的信息。尽管写作过程中的表达很直接,但要把日志成功应用到教学实践中还需对日志写作的目的做细致的推敲。另外,撰写日志和阅读日志所需的时间要求也必须考虑在内。下面是一项日志写作的实例。

1. 开始

1992年,三位香港的英文教师(Brock,Yu & Wong)计划在为期10周一学期的时间内通过撰写教学日志进行教学探索。他们想要记录并且反思教学。这三位教师决定定期分享彼此的日志,而不是各自撰写日志。在10周的时间里,每位教师计划每周对两个班级的教学活动进行记录。日志记录的对象包括很多不同的班级,日志的主题也并未做限定。

2. 过程

三位教师每周交换阅读日志,并以书面形式作出反馈。此外,他们每周还要碰面一次,用一小时左右的时间讨论日志的记录并分析总结重复出现的情况以及他们所关注的问题。在为期10周的时间里,他们每周针对不同的班级在日志中记录三项内容。在记录日志时他们采用"意识流"法,忽略语法错误和语言风格不一致的问题。然后教师们交换阅读日志并就日志中所记事项提出问题。

3. 结果

10周过后,三位教师均表示感受很复杂。一方面,他们觉得写教学日志的确很有价值,因为从写作和阅读他人日志的过程中教师对教学有了更深的理解。另一方面,他们也感到日志写作要求较强的自律精神,因为定期记日志在时间和精力上必定会对教师产生压力。此外,三位教师意识到他们应该集中深入探讨几个日志主题,而不是一次探索太多的内容。总而言之,教师们对这一过程的评价是积极的。他们在日志写作和交换阅读的过程中发现了处理特定教学任务的建议和想法,同时也使得他们对其他教师的教学经验有了更深的了解。

4. 感悟

这三位教师的案例研究很好地说明了撰写教学日志的用处以及如何从分享彼此日志中获益。不过,将来教师们一定要确保自己有足够的时间撰写(并尽可能彼此分享)日志。在此过程中,他们必须有自律精神。

参考文献和拓展阅读

Bailey, K. M. (1983). Competitiveness and anxiety in adult second language learning: Looking at and through the diary studies. In H. W. Seliger & M. H. Long (Eds.), *Classroom-oriented research in second language acquisition* (pp. 67 - 102). Rowley, MA: Newbury House.

Bailey, K. M. (1990). The use of diary studies in teacher education programs. In J. C. Richards & D. Nunan (Eds.), *Second language teacher education* (pp. 215 - 226). New York: Cambridge University Press.

Boud, D. (2001). Using journal writing to enhance reflective practice. *New Directions for Adult and Continuing Education*, 90, pp. 9 - 18.

Brinton, D. M., Holten, C. A., & Goodwin, J. M. (1993). Responding to dialogue journals in teacher preparation: What's effective? *TESOL Journal*, 2(4), pp. 15 - 19.

Brock, M., Yu, B., & Wong, M. (1992). "Journalling" together: Collaborative diary-keeping and teacher development. In J. Flowerdew, M. Brock, & S. Hsia (Eds.), *Perspectives on second language teacher development* (pp. 295 - 307). Hong Kong: City University of Hong Kong.

Crandall, J. A. (2000), Language teacher education. *Annual Review of*

Applied Linguistics, 20, pp. 34 – 55.
Farrell, T. S. C. (1998). Teacher development through journal writing. *RELC Journal*, 29(1), pp. 92 – 109.
Flowerdew, J., Brock, M., & Hsia, S. (Eds.). (1992). *Perspectives on second language teacher education*. Kowloon: City Polytechnic of Hong Kong.
Gebhard, J. G. (1999). Reflecting through a teaching journal. In J. G. Gebhard & R. Oprandy (Eds.), *Language teaching awareness* (pp. 78 – 98). Cambridge: Cambridge University Press.
Hiemstra, R. (2001). Uses and benefits of journal writing. *New Directions for Adult and Continuing Education*, 90, pp. 19 – 26.
Ho, B., & Richards, J. C. (1993). Reflective thinking through teacher journal writing: Myths and realities. *Prospect: A Journal of Australian TESOL*, 8, pp. 7 – 24.
Hoover, L. (1994). Reflective writing as a window on pre-service teachers' thought processes. *Teacher and Teacher Education*, 10, pp. 83 – 93.
Jarvis, J. (1992). Using diaries for teacher reflection on in-service courses. *English Language Teaching Journal*, 46(2), pp. 133 – 142.
McDonough, J. (1994). A teacher looks at teachers' diaries. *English Language Teaching Journal*, 18, pp. 57 – 65.
Numrich, C. (1996). On becoming a language teacher: Insights from diary studies. *TESOL Quarterly*, 30(1), pp. 131 – 153.
Orem, R. A. (2001). Journal writing in adult ESL: Improving practice through reflective writing. *New Directions for Adult and Continuing Education*, 90, pp. 69 – 77.
Posner, G. J. (1996). Field Experience: A guide to reflective teaching (4th ed). White Plains, NY: Longman.
Richards, J. C. (1990). Beyond training: Approaches to teacher education in language teaching. *Language Teacher*, 14, pp. 3 – 8.
Richards, J. C., & Lockhart, C. (1994). *Reflective teaching*. Cambridge: Cambridge University Press.
Richards, J. C., & Nunan, D. (Eds.) (1990). *Second language teacher education*. New York: Cambridge University Press.
Shin, S. J. (2003). The reflective L2 writing teacher. *English Language*

Teaching Journal, 57(1), pp. 3 – 11.

Woodfield H., & Lazarus, E. (1998). Diaries: A reflective tool on an INSET language course. *English Language Teaching Journal*, 52(4), pp. 315 – 322.

第六章

同行听课

一、同行听课的实质

同行听课指的是一名教师或者其他人专心观察和监控一堂语言课或者一堂课的一部分。其目的是要理解教学、学习和课堂互动的某些方面的内容。在第三章,我们考察了教师可以观察自己课堂的方法。本章我们关注同行听课并且研究两名教师通过相互听课可以得到什么益处。根据我们的经历,很多教师对于让其他人听自己课的想法都会做出负面反应。对很多人来说,"听课"让他们想起一名协调员或者来访者走进教室,进行监管或者评估。他们这样做的目的是要把听课作为绩效评估过程的一部分。人们容易把听课等同于评估。因此,听课经常被认为是一种带有威胁性的和负面的经历。威廉姆斯(Williams, 1989, p.86)总结了传统听课中的一些问题。

- 教师不喜欢这样做。听课具有威胁性、令人恐惧并且被认为是一种折磨。
- 听课太强调规定性的内容。

- 检查清单在同一时间关注太多的问题。
- 教师没有评价的责任。听课是以培训者为中心的。

在本章中,我们想要把评估和听课分开,并要探讨听课如何可以成为教师发展的一部分,而不是把它看成评价的一个环节。

二、同行听课的目的和益处

在很多职业领域中,特别是在职业和技术领域,观察同行都是基础学习的一部分。然而,通过观察执业者的工作情况来进行学习也在其他领域发挥作用,如商业、法律和医学领域。在教学中,听课为新教师提供了机会,让他们可以观察到有经验的教师在教学中做了些什么以及怎样做的。但是,经验丰富的教师也可以从同行听课中受益。因为听课给教师提供了机会,让他们看到其他人是如何处理教师日常所面对的同样的问题的。教师可能发现自己的同事有一些自己从未使用过的有效的教学策略。听课还可能促使教师反思自己的教学。对于被听课的教师来说,听课的教师可以给他的课程提供一个"客观"的看法并能够为他的课程收集一些信息。而教师本人可能是无法收集到这些信息的。对听课和被听课双方来说,听课还具有社会效益。听课把那些平时没有机会互动的教师聚集到一起,让他们有机会分享想法和专长,并讨论问题和自己的关注点。听课给教师提供了机会,让他们看到其他教师的教学方法。它是在学校中增强同事友谊的一种方式。它也可以是一种收集有关教学和课堂过程的信息的方式。它给教师提供了获得有关自己教学反馈的机会。它还能帮助教师培养针对自己教学的自我意识。以下的花絮来自韩国的一位教师。它向我们解释了同行听课是如何帮助他实施教师发展的。

🔷 花絮

直到听课教师向我展示了他记录的在我课堂中所观察的情况,我才意识到我正在自己提出问题并回答问题。我想要让课堂好好地进行下去,并让学生写作。现在,我觉得我每次提问的时候,我的学生都在等待,因为他们意识到最后我会为他们回答这些问题。事实上,我过分地使用了填鸭式的教学方法。现在,当我考虑这件事的时候,我意识到自己在英语课上使用这种方法过于频繁了。我觉得这不是在帮助学生。课后,在与听课教师进行交谈之后,我意识到教室中另外一双眼睛的力量是巨大的,因为这双眼睛帮助我"看"得更清楚。这名听课教师是我的一位可以信任的朋友,他给了我巨大的帮助。

艾瑞克·哈姆森(Eric Harmsen)

🔷 反思

- 是否有人听过你的课?如果有,你从听课教师那里了解到了关于你教学的哪些问题?
- 课堂中有人听课会给教学带来什么问题?

同时,我们也应当理解听课的局限性。显然,听课教师只能观察到那些可以看到的东西。这包括以下内容:
- 时间安排。教师在不同的活动中花了多长时间。
- 活动。在课堂中,教师使用了哪些类型的活动。
- 提问技巧。教师问了哪些类型的问题。
- 参与。哪些学生积极参与了课堂活动。
- 课堂用语。学生们说出的语言。

然而,课堂的有些其他重要方面确实观察不到。这些问题只能被推测出来，或者只有通过与教师交谈，才能被找出来。这包括以下内容：

- 做决定。在讲课过程中，教师所考虑的决定。
- 关注度。学生对课堂各方面产生的兴趣度和关注度。
- 问题。在讲课中，教师所遇到的但是听课教师不一定能够观察到的困难。
- 教学原则。指导教师教学的原则。

因此，作为教师发展的一个组成部分，听课包括讨论和反思过程，目的是要正确理解所观察到的事件的意义。

职业发展中非评价性的听课经常受到教师欢迎，正如以下教师的评论所反映的那样（Richards, 1998）。

- 它揭示了在课程的某些方面有关学生表现的详细信息。这比我自己获得的信息要详细。
- 它揭示了在讲课中有关学生互动的意料之外的信息。
- 它帮助我培养了与同事的更好的工作关系。
- 它让我明白我能从同事那里学到多少东西。
- 它让我更加充分地意识到我一直使用的教学策略的局限性。
- 我意识到我需要开发更好的时间管理策略。
- 我认识到自我评估的价值。我也更加了解作为一名教师，我有哪些长处。

然而，如果想让听课成为一种积极的经历，就要进行精心的计划和实施。听课的实质看似显而易见，然而过程比它看上去要复杂得多。讲课是一种动态的过程，并且在某种程度上，它又是一种不可预见的过程。讲课涉及不同的参与者，而且经常有许多不同的事情在课堂中同时发生，课堂中的活动有时很快就结束了，因此，实时记录下众多事件通常是不可能实现的。这就需要一些具体的步骤。

三、同行听课的步骤

听课的目的是从听课经历中学到东西。要做到这一点，听课教师不能仅仅依靠记忆，还要使用一些步骤来记录听课的信息。根据不同的听课目的，我们使用了以下步骤。

1. 书面叙述

在第三章，我们描述了书面记录的步骤。这一过程包括对课程进行整体的叙述。然而，在目前的情况下，这种记录是由听课教师而不是由讲课教师来做的。听课教师努力对课程的主要结构和发展、教师使用的活动以及课堂中关键的时间段进行叙述。在进行书面记录的时候，重要的是不要把课堂中所有的事情都进行描述。叙述过程中应当使用客观和简练的语言，并且要避免进行任何形式的评估。

- 优势。书面叙述为课堂提供了一幅整体的画面。它可以帮助教师看出课程的结构以及教师如何实施或者偏离了自己的教案。
- 劣势。课程的许多方面都很难在实时情况下进行准确描述。这包括教师和学生进行交流时使用的真实语言。

2. 现场记录

现场记录包括用笔记的形式对课堂整个过程中发生的主要事件进行简短的描述，这包括对相关事件进行解释。记笔记这种非正式的方式可以随时记录下所观察到的事情。记笔记有时是按时间进行的(例如，每隔一段时间，如每隔 5 分钟记一次笔记，还可以使用听课表,在上面标注所描述的时间间隔)。笔记也可以同在课程进行过程中所发生的关键活动联系起来(例如,教师设计课程、解释活动以及活动结束后教师对这一活动进行的评论)。

- 优势。记笔记是一种灵活的听课方式。当有重要的事情发生时,听课教师记录下相关的信息。当没有很多重要情况发生的时候(比如当学生在默读课文的时候),听课教师可以关注其他事情(例如,听课教师记录下在阅读过程中学生使用字典的频率)。
- 劣势。收集到的信息可能不足以捕捉到课堂中发生的真实情况。

3. 清单

清单是一个结构清晰的表单,上面列出了课程的特征。教师在听课的过程中,可以填好这些表单(参见附录中的实例)。

- 优势。清单的重点十分突出并且很容易填好。它为教师提供了一个系统性的方式来收集课程某些具体方面的信息。
- 劣势。使用清单很难找出课程的一些方面的问题。清单有时关注一堂课的不重要的某些方面,却对所发生的事情没能做出多少解释。

在以下的花絮中,一位巴基斯坦的教师想要观察另一位教师在讲授阅读和写作时的教学实践,她为此设计了自己的清单,并讨论了设计自己清单的过程。

▶ 花絮

对我来说,听课清单不能包含太多的项目。我是从几次听课的经历中学到这个教训的。一段时间以前,为了表现出自己的专业性和炫耀我最新掌握的知识,我设计了非常详细的清单。这个清单被划分和细分为很多题目。这些清单看起来设计得很好并且用处很大,但在实际应用中,情况并非如此。结果,我在很短的时间内要寻找很多的东西。所以现在当我设计清单的时候,我让自己关注教学在一两个方面的问题。并且,我也不设计很多问题,不把问题分成很多类别。如果你能让自己的清单变得简洁而且关注重要的问题,你的听课效果就会"好"。

安娜·卡利德(Aamna Khalid)

反思

- 你认为在观察教师的提问行为的时候,清单中应当包含哪些(多少)基本的内容?
- 你认为清单可以成功地记录课程的哪些方面?

4. 听课的关注点

课程的很多方面可以作为听课的焦点。在典型的教学中"如何"层面上的问题包括以下内容:

- 教师如何开始和结束课程?
- 在课程中教师如何分配时间?
- 教师如何向学生布置任务?
- 教师如何对待沉默的学生?
- 教师如何组织学习小组?
- 学生在学习的时候,教师如何对他们进行监管?
- 教师如何提问?

在关注教师提问情况的时候,听课可以检查提问的以下方面的内容(Gebhard,1996)。

- 教师最常问的是哪些问题?"是/不是"类的问题还是"不

是……就是"类的问题?
- 特殊疑问句还是反义疑问句?
- 教师提问的内容是什么?
- 教师提问后,要花多长时间来等学生回答?
- 教师如何给指令?这一过程需要多长时间?学生收到指令后知道怎么去做吗?

以下是另一些适合听课的主题:
- 教师的时间管理。在讲课过程中,教师给不同活动分配的时间。
- 学生完成任务的情况。学生使用的语言、步骤和互动类型。
- 完成任务的时间。在完成任务过程中,学生的参与程度。
- 教师活动区。在讲课过程中,教师与一些学生的互动比与另一些学生的互动多。这种差别的程度有多大?
- 使用教材的情况。在讲课中,教师依赖教材和偏离教材的情况。
- 结对活动和小组活动。学生完成任务的方式、在完成任务过程中学生做出的反应、学生使用的语言、在结对活动和小组活动中学生完成任务所花的时间以及小组活动的动态情况。

以下花絮讲的是一位在韩国第一次教英语会话课的教师的事例。他最近刚刚获得对外英语教师(非英语国家教师)的资质。他让一位同事(也是一位刚获得资质的英语国家教师)去听他的一系列课程。然而,他让这位听课教师特别关注在课堂中教师与学生之间以及学生与学生之间的互动,因为他对课堂中所发生的事情没有把握。在听完最初的两堂课后,听课教师注意到在小组活动中(学生之间的活动),学生们的参与程度并不是一致的。在全班讨论的过程中,只有某些学生主动发言。经过同听课教师进行讨论,这位教师找出了以下改变措施。以下是他用自己的话做出的解释。

▶ 花絮

也许,我应当让学生组成四人小组,让他们统计出小组的答案,并让他们给出自己的分析。我以后要给每名成员一项任务,比如小组长、小组计时员、报告人和秘书。我在某个地方发现了这些信息。我觉得这可以鼓励更多学生参与到活动中而不是让我做收集答案的工作。因为仅仅在很短的时间后,我就觉得这项工作枯燥乏味了。并且,如果我这样做的话,也不会对收集来的结果做什么分析。

这位教师决定要从这一发现中学东西,所以他让听课教师再听一次他的课,以便发现他是否成功地实施了新的小组活动教学方法。这位教师对听课的结果做出了以下评论:

当我让学生们分成四人一组的小组,并且让每个人在小组中担负各自的责任,他们真正地参与到讨论中了,整个班级也参与到其中了。每个小组中没有一名学生主导交谈,也没有一名学生保持沉默。大家对分配给自己的职责都感到高兴。同行听课的经历的确对我很有效。我很高兴,因为我能够向一名我能信任的教师请教,因为相对来说她也是一名新入行的教师。

朴相康(Park Sang Kang)

▶ 反思

- 你认为朴相康为什么很难发现他的课堂中最普遍的互动?
- 你认为对于新教师来说,同行教师会如何给他们带来帮助?对于经验丰富的教师来说呢?

当听课变成职业发展的一个组成部分的时候,听课时就可以关注普遍的教学问题(比如这里指出的问题)。它也可以指向教师关心的有关方面的教学问题。例如,它可以指向以下问题:

- 我觉得反应比较快的学生认为我的教学太简单了。
- 我怀疑我花了太多的时间来做解释。
- 在我的课堂中,有些学生说话太多了,而另外一些学生又太沉默了。

通过收集与每一个问题相关的信息,同行听课可以帮助教师进一步理解这些问题。

5. 同行培训

同行培训是一种特殊的同行听课方式。在这种辅导关系中,一名经验丰富的教师与另外一名经验不太丰富的教师合作,经验丰富的教师扮演着导师的角色。同行培训是本书第十章关注的内容。

四、实施同行听课

在实施同行听课的过程中,以下指导方针被证明是有效的。

- 选择一名合作的同事。他可以是一名与你教同一门课或者使用同样教材的教师,或者你也可以去听一位与你讲不同课的教师的课。这取决于你们双方的兴趣。
- 每名教师按照以下步骤轮流讲课和听课:

1. 安排听课前的适应活动。每次听课前,大家聚集到一起讨论被听课程的实质、使用的教材、教师采用的教学方法、课堂中学生的类型、典型的互动和课堂参与类型以及希望发现的问题。这些讨论的目标是让听课教师理解教师所面对的问题,让听课教师进一步了解课堂以及课堂中的具体情况和问题。授课教师在这一阶段也应当找出一个听课的焦点,然后设立一项需要听课教师执行的任务。听课教师的任务是为授课教师收集信息,而这些信息一般是教师自己很难获得的。需要重点强调的是这项任务不应包含任何形式的评估。

2. 确定需要使用的听课步骤并安排听课时间。

3. 按照大家同意的听课步骤完成听课。

4. 安排听课后的会议。下课后要尽快开会,听课教师要汇报收集到的信息并与授课教师讨论。

督导和管理者在实施和鼓励同行听课中起着重要的作用。在整个过程中,他们可以从以下几方面给教师提供支持:

• 对教师进行调查,目的是要找出在听课过程中他们可能需要哪些支持(例如资源、管理支持、知识和时间)。

• 收集有关听课的资料,比如有关听课的文章和录像带。如果可能,邀请校外专家或者顾问组织一次工作坊来研究如何进行听课。

• 让参加过听课的教师解释一下成功进行听课的关键是什么。

• 在可能的情况下,为想要参加听课的教师腾出更多的时间。

• 当教师成功地完成了一系列的听课任务后,鼓励他们向其他教师汇报自己的经历。

五、总结

同行听课可以帮助教师更好地认识到他们在课堂中所遇到的问题,并且找出解决这些问题的方法。听课还有助于缩小自己印象中对教学的看法与课堂中实际发生情况之间的差距。通过参加非评估实质的听课,职业发展的责任也可以从他人(督学和同行等)身上转移到教师个人身上。因为听课涉及进入同事的课堂中,所以听课的步骤需要与参与各方进行认真协商。让听课教师进入自己的课堂总是具有某些威胁性,因为教师现在"开始表演了"。给听课教师一项非评估性的任务能够在某种程度上缓解这种威胁感,让教师自己结对以及让他们协商听课的目标和步骤也能减弱这种威胁感。下面是一个同行听课的实例。

1. 开始

一些语言系的新教师要求在职业发展方面得到经验丰富的同行的帮助(Richards, 1998)。他们想要得到关于自己教学的评估性的反馈,但又想把这种反馈与来自学生的反馈结合起来,因此就设计了一种三向听课策略。

2. 过程

以下策略得到了实施:

(1) 新老教师决定一同结对合作。新教师邀请一名同事进行协作。

(2) 每对教师计划相互听几次课。

(3) 每堂课结束后,收集学生、教师和听课教师对课程的看法(这与一般的同行听课有所不同)。在每堂课结束后,教师利用5—7分钟的时间来开展以下活动:

学生被问及以下与课程相关的问题:

回顾一下刚才这堂课,并且回答这些问题。

(1) 这堂课的主要目标是什么?

(2) 你在这堂课中学到的最重要的内容是什么?

(3) 你认为这堂课中最有用的是哪一部分?

(4) 你认为课堂中有的部分是否用处不大?

听课教师被问及以下与课程相关的问题:

在听课过程中,努力回答以下问题。

(1) 这堂课的主要目标是什么?

(2) 学生们在课堂中学到的最重要的内容是什么?

(3) 你认为这堂课中哪一部分最有用?

(4) 你认为课堂中是否存在有的部分不成功的情况?

(5) 你对课程的总体认识如何?

授课教师被问及以下问题:

在结束本堂课后,回答以下问题。

(1) 这堂课的主要目标是什么?

(2) 学生们在课堂中学到的最重要的内容是什么?

(3) 你认为这堂课中最有用的是哪一部分?

(4) 你认为课堂中是否存在有的部分不成功的情况?

(5) 你对课程的总体认识如何?

3. 结果

这项研究的参与者发现:

在这三种反馈信息中,相对于经验缺乏的教师的课堂,有关课堂目标的问题的回答在经验丰富的教师的课堂中比较一致。

经验丰富的教师与经验缺乏的教师对课堂最成功的部分看法不一致。经验丰富的教师判断成功的课堂的标准是学生们可能学到的内容,而经验缺乏的教师感到一堂成功的课就是按照自己的看法取得效果最好的课。

4. 感悟

这些听课活动最重要的方面就是它们让经验丰富的教师为经验不太丰富的教师扮演导师的珍贵角色。经验丰富的教师与新教师一样,都愿意经历同样的批判性反思过程。在新教师的眼中，这一事实让他们具有更强的可信度。另外，经验丰富的教师也会对自己的教学进行深入的思考。

参考文献和拓展阅读

Cosh, J. (1999). Peer observation: A reflective model. *English Language Teaching Journal*, 53(1), pp. 22-27.

Fitzpatrick, F. (1995), Peering at your peers. *Teacher Trainer*, 9(2), p. 2.

Gebhard, J. G. (1996). *Teaching English as a foreign or second language*. Ann Arbor: University of Michigan Press.

Richards, J. C. (1998). *Teaching in action*. Alexandria, VA: TESOL.

Richards, J. C., & Lockhart, C. (1994). *Reflective teaching in second language classrooms*. New York: Cambridge University Press.

Wajnryb, R. (1992). *Classroom observation tasks*. Cambridge: Cambridge University Press.

Williams, M. (1989). A developmental view of classroom observation. *English Language Teaching Journal*, 43(2), pp. 85-91.

附录

监控教师提问策略的问题清单

记下（打对号）教师在讲课中每隔一段时间（例如每隔 5 分钟）提出这些问题的次数。

问题类型	频率
1. 事实或者字面问题。通过阅读或者听课，学生就能回答教师提出的问题。	
2. 观点或者解释性问题。学生可以通过课文或者教师话语中字里行间的"暗示"回答教师的问题。学生们也可以使用他们之前的知识回答问题。	

要求做出的反应的类型	频率
1. 展示或者提供事实。学生通过自己的记忆提供事实，必须展示自己对某一题目的知识。	

2. 参考或者思考。学生必须通过思考和推理得出一个符合逻辑的结论,进而提供答案。
3. 选择。学生必须只提供是/不是或者对/错的答案而不需要做出解释。

选择学生 频率
1. 提问之前,叫出学生的姓名。
2. 提问之后,叫出学生的姓名。
3. 提问之后,请学生主动回答问题。
4. 允许学生自己选择何时回答问题。

第七章

教学档案

一、教学档案的实质

教学档案指的是文件和一些其他材料的总和。这些材料可以为教师工作提供不同方面的信息。它的作用就是描写和记录教师的表现，促进职业发展以及为反思和检讨提供依据。与许多本书中描写的步骤一样，这是另外一种以自我评估和教师学习为基础的教师发展形式。伊文思（Evans，1995，p.11）用以下方式描述了档案的实质。

职业档案是经过长时间收集的一些经过精心挑选或者撰写的职业思想、目标和经历。这些东西同反思和自我评价交织在一起。它代表你的身份、你做的事情、你这样做的原因、你去过的地方、你目前所在的地方、你想要去的地方以及你计划如何到达那里。

职业档案包括一套不同种类的文件和实物。它们按照一定的原则被挑选出来（参见下文）然后被组织起来用于讲述故事。这些收集到的信息根据需要进行更新和修订，与之配套的还有教师对这些信息背后的原因所做的叙述。档案既可以作为自我评估的根据,也可以作为教师评价的一个组成部分。

二、建立教学档案的目的和益处

与我们合作过的教师发现教学档案可以实现若干目的。第一,它描述了一名教师对待工作的方法,并且提供了思考、创造力、随机应变和高效工作等方面的证据。因此,档案可以作为教师绩效标准的证据提交给督学或者管理者。

第二,档案可以作为检讨和反思的来源。编撰档案的过程督促教师对自己工作的不同方面进行综合评价。通过审查档案(必要的时候,与同事和督学进行协商),教师可以对工作重点、目标以及未来发展和改进的领域做出决定。

第三,档案可以促进与其他教师的协作。例如,它可以成为同行培训过程的一部分(参见第十章)。同行审查和讨论档案,并用它为教师工作提供反馈。一种非常有用的档案就是合作教学的一个组成部分。在这种教学中,两名教师共同建立的档案伴随着他们共同的教学过程。

工作档案和陈列档案的分类:

根据目的和读者的不同,档案可以分成两类,即:工作档案和陈列档案。

工作档案中的内容显示了在实现特定目标的过程中,教师是如何进步的。例如,一名教师可能决定他要朝一个更加以学生为中心的学习方式发展。档案所包含的文件和其他的一些东西提供的证据说明这一目标已经实现了。或者另一名教师可能要努力在写作课中实施以体裁为基础的教学方式(教材按照体裁来组织)。档案中的资料被排列好,以便显示这一目标是如何实现的。

正如它的名字所显示的那样，设置陈列档案的目的是展示教师最好的一面。因此，它包含的内容经过了精心挑选，目的是要展现教师所拥有的技能的深度和广度。这种档案可以作为评估的一部分上交，或者在教师申请新的职位或被提拔的时候，将这份档案放到申请书中。教师有的时候给我们展示的这种档案令人赞叹。以下的花絮展示了一名在日本工作的教师的情况。他签了一份为期两年的可以续签的合同，学校要求他提供一份陈列档案。

▶ 花絮

这所大学（在日本）每个系的教师都被要求每两年提交一份用于评估的档案。这项评估是由在教师和行政人员中选举产生的委员会开展的。这份档案以及对其进行评估的标准在大学的《教职员工手册》中有详细的说明。具体来说，教工评审委员会(FRC)判断候选人对教学中遇到的问题的反应速度，以及他们是否愿意按照大学的课程要求来改变自己的教学理念、风格和策略。

从表面上看，这项工作很直接，因为档案的要求和评估步骤已经写在8页纸上了。需要提交的材料包括最新的简历、简短的自我评估书，内容包括教学、服务、同事关系和学术水平；精心选择的课程材料的样本用于展示教学方法、创造力、教师根据学生的教育需要来调整教学的意愿以及判断学生表现的标准和相关学术水平的证据。我很快发现创建一份高质量的个人工作档案是多么不容易。非常幸运的是，我从两方面都经历了准备陈列档案的过程，即：作为一名重新任命的教师和一名同行评估者。在教工评审委员会的4次工作经历中，通过阅读同事的几十份档案，我获得了很多感悟。这些感悟的确在我撰写个人档案的过程中给我了很多指导。我自己在阅读档案、努力发现档案材料的用途和产生的结果及产生结果的原因的过程中经历了痛苦。这些痛苦的经历使得我格外重视我的档案布局。尽管我讨厌每隔两年就必须写一份档案的做法,但当我每次开始建立档案的时候,通过反思自己最近的实践,我能很快地意识到我所得到的益处。

蒂姆·斯图尔特(Tim Stewart)

反思

- 创建一份合格的教学档案可能是一件困难的事情,你认为其中的原因是什么?
- 教学档案中的哪些特征最吸引你?

"镜子"和"地图"这两个暗喻可以总结出整理教学档案的一些益处。

镜子。镜子这一暗喻抓住了档案的反思性特征。因为档案使教师可以审查自己在一段时间内的表现。档案中包含的教师工作的实例展示了一系列的教学技能和活动。档案通常是为特定的读者和目的创建的。因此,档案的关注点是外向的,是供其他人浏览的,比如同事或者督学。这就影响了包含在档案中的内容。作为一面镜子,档案让教师能够反思自己的教学成就。

地图。地图这一暗喻抓住了计划和设立目标的概念。通过审查一段时间收集到的证据,教师可以设立近期目标和长期目标。这是一个审查和自我评价的过程。在这一过程中,教师可以确定他在事业发展过程中所处的位置以及将来的走向。从这种意义上说,档案就像一幅地图。

以下花絮来自一名在美国工作的教师。他解释了自己建立陈列档案的原因、自己选择哪些材料放入档案以及为什么这样选择,并且指出了他从这一过程中学到了哪些东西。

◆ 花絮

在我毕业获得文学硕士学位以后,在过去的二十年间,我一直教授英语(作为外语、第二语言、学术语言)。那时,学校不要求提供教学档案,甚至没有人谈起过。我知道教学档案是什么,但从没有人向我要过档案,所以我从未整理过档案。最近,我读了更多的有关这方面的内容。因为作为管理者,我必须想办法来评价想要在我们项目中工作的那些候选人。通过阅读,我了解到档案代表教师的个人身份以及他在一段时间内取得的成绩。我决定如果我要去阅读别人的档案的话,我自己首先要尝试一下撰写档案。我想要了解在教学和其他相关工作方面我在过去几年做了些什么。我开始编撰自己的教学档案。按照我读到的那篇文章中的建议以及我个人的情况,我决定在我的档案中包含以下内容:(1)简历;(2)推荐信;(3)成绩单复印件;(4)证书复印件;(5)自己的教学理念;(6)课程概况;(7)学生的证明;(8)自己编写的教材;(9)学生进行的评估。

我之所以选择这九项内容是因为我觉得这些内容可以从总体上反映出我是一名怎样的教师。我花了三个月的时间才做好这份档案。但是,我对自己所收集到的材料感到惊讶。我并没有意识到我已经取得了这么多的成就,特别是在最近几年。例如,我从未意识到在最近几年中,我已经成功地设计和讲授了大量不同种类的课程。另外,从阅读学生的评估中,我也学到了很多东西。比如,我惊奇地发现一些学生感到在说和写的方面他们没有提高,而我给他们的纠正也不够。除此之外,他们似乎都很满意,认为我做得很好。我理解他们对纠正错误的态度。他们好像是在想,"为什么教师不能给我一些具有魔力的反馈意见来帮助我消除写作错误呢?"我认为作为一名写作教师,我需要把自己的教学策略更好地向学生解释一下。对我来说,教学档案中最具挑战性的方面就是叙述我对教与学的价值的看法。我发现要把教学中按照直觉做的事情写到纸面上是非常困难的一件事。对我来说,这是一篇主要的反思性文章,因为我必须陈述自己的信仰。但是,要把这些内容写到纸上并不总是一件容易的事。我十分享受整理档案的过程。我惊喜地发现自从我开始教学以来,我无论是在广度还是深度上都取得了很多成绩。尽管这项工作很费时间,但我希望其他人也编撰自己的教学档案。

拉里·茨维尔(Larry Zwier)

反思

- 拉里还可以把哪些东西放到他的档案中?
- 如果你自己要整理档案,要包含哪些内容?

正如这个例子所显示的那样,编撰教学档案可以是一项非常有益的活动,因为它给教师提供了对自己教学进行全面评价的机会。它还可以让教师有理由去从事本书中所讨论的活动,比如自我监控、撰写日志、课堂录像和同行听课。然而,在编撰档案之前,教师应当意识到其中所涉及的一些问题。

人们最经常提到的一种困难就是时间问题(Wheeler,1993)。编撰档案需要花费很多时间,我们最好把它看成是一项长期的努力。因为,当可以获得新情况并且产生需要的时候,它们就要被添加进去。确立符合实际情况的目标并缩小档案的内容范围也是重要的,特别是在刚开始编撰档案的时候。确定档案要包含的内容也会遇到问题。如果档案要成为教师评价的一部分,那么就要同评估者讨论档案的目的和内容。如果不涉及评价,与同事、导师或者其他建立过档案的教师进行讨论也总是有帮助的。

无论怎样,我们感觉到教学档案可以提供一个自我检讨和与同事协作的机会。另外,与简历相比,档案可以更加充分地展示教师的强项和成就。在编撰档案的过程中,教师可以找出职业发展的下一步目标。

三、编撰教学档案的步骤

在确定把什么材料放到档案中以及如何安排档案内容的过程中,考虑档案的目的和读者是至关重要的。教学档案中可以包括各种不同种类的内容,但内容应当经过精心挑选以保证这些内容可以构成一份连贯和有效的档案,并使得档案可以反映教师的能力、发展和自我意识。档案中的内容可以包括教案、轶事记录、学生项目、课堂简报、录像带、教师评估和推荐信。但是,档案的形式和内容将会根据其目的的不同而有所不同。

一个可以替代纸质档案的方案就是电子档案。电子档案的目标和内容与纸质档案相同,但它是通过电脑来呈现的。这种多媒体方式让教师能够以多种不同形式展示档案。比如,声音、录像、图标和文字。超媒体链接被用来链接每一部分。这种档案可以发表在网络和 CD 上。然而,教师需要掌握基本的电脑技能,包括创建文字处理文件和加入电脑图片(Costantino & Lorenzo, 2002)。

1. 档案的内容

以下是可以考虑放入档案中的一些实例,但是档案以 8—10

项内容为宜。

（1）用于证明你对课题以及语言教学领域最新发展的认识的证据

- 资格证书复印件。
- 你学过的与你教学领域相关的课程的列表。比如，如果你教一门口语课，你提供的列表应当包括诸如语音学、音位学、对外英语教学法和第二语言习得理论等等。
- 对学校课程安排或者语言课程项目的评价，包括它的长处和缺陷。这里可以包括对课程大纲和测验的评论。
- 对与你讲授的课程相关的一本或者多本书（出版或者没出版的）的评价。例如，如果你教阅读课，你可能想要把针对一本有关阅读过程和阅读教学的书的书评放入档案中。
- 一篇描述你对自己所教授课程领域（例如，语法和写作）以及你在教学中努力应用原理的理解的文章。
- 督导或者同事对你在某个领域的专长和知识做出的书面评论。

（2）用于证明你作为一名语言教师所具备的技能和能力的证据

- 听过你课的教师出具的听课报告。
- 学生评估。
- 教案。
- 你对你讲过的课进行的自我评估。
- 学生作业的实例。
- 你的一堂或者多堂课的录像和（或）录音资料。
- 督导的报告，通常是评估报告。
- 你在学生中使用的评定程度的样本。
- 你准备的教学材料的实例。

- 你讲课时的照片。
- 你的学生在课堂活动中的照片。
- 往届学生发来的感谢信或者卡片。
- 学生在考试中(考试外)的成就(例如托福考试)。
- 在校学生们成功入选要求英语成绩的课程的比率。

（3）你管理和组织课堂的方式

- 描述你的课堂管理理念。
- 听课同事出具的描述你课堂管理效果的报告。
- 督导出具的关于你管理和组织技能的意见。
- 你对与学生行为相关的关键事件以及做出的反应的记录。
- 对教大课和使用小组活动的步骤的记录。
- 一堂课的实况录像。
- 你心中理想的语言教室的示意图。
- 学生对你的课堂管理技巧和效果的描述。

（4）证明你努力致力于职业发展的材料

- 自己的职业发展计划。
- 你在其他教师课堂上做的听课记录。
- 你参加的教师小组的记录以及相关活动的报告。
- 关于你开始教学以来你的发展状况的报告。
- 你进行的课堂研究的叙述。
- 你最近几年学习的课程和参加的工作坊。
- 你加入的专业组织(比如，TESOL、IATEFL)。
- 你参加过的学术会议和工作坊。
- 你最近读过的自己相关领域的书籍书目(加注释)。
- 你读过的一些期刊文章。
- 你最近写过的一些有关语言教学的文章(想要出版或者不想出版)的样本。

(5) 有关你与同事关系的信息
- 你帮助或者辅导同事的方式的记录。
- 来自同事的有关成功合作的证明信。
- 你对学校同事关系的感知以及你在其中所处的位置。
- 你对同事职业发展做出的贡献(比如,你最近是否召集同事开了午餐研讨会? 如果是,请对这次会议做一个总结)。

以下花絮描述了一名语言教师为教学档案准备的教学理念。

花絮

我有确定的教学理念:我认为所有的学生都是第一位的。如果某个项目(或者行动课程)对他们有益,我会竭尽全力实施这些内容。如果这项活动不会对学生有益,我会放弃或者忽略它。如果学生们喜欢这门课,他们就能学好。要使学生喜欢这门课程,第一,要为课程注入乐趣和幽默。第二,要把课程与真实生活环境联系起来。第三,要给学生通过考试的机会以便他们建立起自尊心。第四,认同学生所付出的努力和取得的进步。

教师应当做好准备,对教材和教学策略进行试验,因为只有试验了不同的方法和策略,我们才知道什么是真正有效的。我让自己设身处地地为学生着想,并向他们介绍可以帮助他们提高分数的一切方法——用语法知识帮助理解;教他们如何在理解中进行推断以及在摘要写作中如何找到相关点。

维克多·黄(Victor Ng)

反思

- 你如何来形容自己的教学理念?
- 你认为哪些资源影响了你的教学理念的发展?

2. 组织档案内容

档案通常包含教学辅助材料和书面文件。它们一般被放到档案的不同部分。我们前面提过,我们建议档案中包含 8—10 份材料。这取决于每一部分的信息量。

然而,档案并不仅仅是一套文件。除了文件,档案中还包括教师对档案整体以及里面各部分的目标、内容和意义做出的解释。这可以通过以下方式实现(Costantino & Lorenzo, 2002)。

- 简介。你的档案一开始应当是档案的概览以及对收集档案材料的原因进行的说明。档案的每一部分一般都有一个概览。
- 实物材料。实物材料是教学档案中的关键因素。它包括教学理念、课程大纲、单元和课程教案以及其他的典型项目。
- 解释。档案中每一件实物材料后面都有解释。这些东西简明地解释了材料的内容以及这些材料被放在这里的原因。这些解释可以是一段叙述性的文字或者只是一个标题说明。
- 反思。档案的价值不仅仅是它的内容,还有这些内容对你产生的意义。这一点可以通过撰写反思体会来实现。这部分内容被放在档案的不同的实物材料或者各个部分的后面。
- 结论。你的档案最后应当有一篇反思的短文或者意见。在这里,你回顾一下档案对你产生的意义。

以下花絮记录了一名澳大利亚教师整理自己档案的方式。

🟦 花絮

我编撰了自己的教学日志并把它分成主要四部分:"资质和简介""我是一名怎样的教师""我教的课程"和"我的专业水平"。

资质和简介

我是一名怎样的教师

- 我对教学的信念——有效的教学和成功的语言学习。

我教的课程

- 课程大纲样本。
- 一套完整的单元材料的样本,包括评价任务。
- 教案样本。
- 学生对课程的评估(反馈)样本。
- 我一堂课的教学录音或录像,并附上书面说明,指出我讲的课程以及我对这堂课的反思。
- 同事的意见。
- 我的反思性日志。

我的专业水平

- 简历。
- 我的职业发展计划(以要点的形式列出)。
- 我的研究。
- 学位、证书、荣誉和获奖情况的复印件。

琳·梅尔(Lyn May)

▶ 反思

- 你会把这里提到的各种类别中的哪些项目放到你的档案中?
- 你认为应该多长时间更新一次档案?

四、实施教学档案

编撰教学档案的用处很大,因为它为教师提供全面评价自己教学的机会。通过编撰教学档案，教师可以衡量自己的进步，并且为职业发展确立目标。确立教学档案的读者（例如，一份工作档案或者展示档案）可以帮助教师确定档案中应当包括哪些内容。

作为一项机构职业发展策略（经常是教师评价的一部分），档案受到越来越多人的关注。如果机构选择使用档案，那就需要解决一些问题。

1. 教师是否理解保留档案的实质和目的？一开始重要的一步就是让教师参加一个见面会。在这里，教师有机会检查档案的实例并且讨论如何收集和整理档案。

2. 应当给参与教师明确的指导，告诉他们在什么时间内完成任务，在档案中包含什么内容。

3. 要建立评价档案内容的标准。这一点很关键。评价是仅仅取决于收集到规定的项目还是每个项目都要评价？要得到一个积极的评价，教师就需要了解他们需要做什么。

五、总结

编撰教学档案给教师提供了记录自己长处、技能和成就的机会。编撰档案还为教师提供了理由，让他们能够参加本书讨论到的一些活动。比如，自我监控、撰写日志、课程录像和同行听课。最好把收集整理档案看成是持续和长期的努力过程。因为随着新特征的出现，它们会根据需要被加入档案中。确定现实的目标并限制档案的内容很重要，特别是在一开始的时候。收集档案材料的过程可以触发自我评价，促进回顾并为教师进一步的职业发展确立目标。以下是一份教学档案的一小部分实例。一位新加坡的学术英语教师被学校的有关部门要求编撰了这份档案：以下实例解释了这位教师是如何为他教那部分课程编撰档案的。这门课是"商务和技术交流"。

教学档案
商务和技术交流
帕克里克·伽罗(Patrick Gallo)
目录/章节
1. 课程大纲和网页文件
2. 讲座笔记
3. 辅导材料
4. 动态评估
5. 最终评价
6. 结论意见

这门课程的文件夹包含了我从2001年加入课程团队后整理的材料。在档案中的每一部分资料的前面,我都写了一段简短的介绍性文字,内容包括对内容的总结和我的意见。这个文件夹概括了我能够直接控制那部分课程以及我有机会与同事一起建设完成的那部分课程。

第一部分　课程大纲和网页文件
1. 课程目标
2. 课程网页
a. 日历
b. 讲座时间安排
c. 辅导时间安排
d. 题目

e. 员工联系方式

第二部分　课堂笔记

1. 讲座 4：成功的用户手册写作 1
2. 讲座 4：幻灯片
3. 讲座 5：成功的用户手册写作 2
5. 模拟考试工作坊——用户手册写作

第三部分　辅导材料

1. 教材的样本
2. 辅导材料 4 和 5（来自课本）
3. 每项辅导的教案
4. 与各种课程相关的附加材料

2001 年 7 月，课程小组刚刚完成了第一版的课程教材《信息技术专业人员商务和技术交流》。这份材料被当成我们 2001—2002 学年的主要教材。因此，我制作的第一份辅导材料指南和相关的作业都是建立在这一版本的用户手册写作材料基础上。

第四部分　动态评价

1. 针对辅导材料 4 和 5 的突击测验
2. 用户手册写作作业纸
3. 用户书册和评估表

第五部分　期末评价-用户手册问题

第六部分　结论意见

以上材料解释了在过去两年中我能够对课程建设做出的主要贡献。也许从这些材料中，你可以看出我努力以一种符合逻辑和有效的方式组织我与学生经历的每一堂课。我关心我们使用的材料的布局和外观。我使用电脑(以及其他)技术并且找到了一些办法把现有的活动进行修改,使之可以用到多媒体环境中。在与同我合作教学的同事努力维护一种团结精神的同时,我也为自己的教学注入了个性化的元素。另外,讲义的复印件、教案和讲座笔记并没能全面地展示我的讲座和辅导中所发生的事情。

从这些材料不能很明确看出的就是我致力于合作学习的程度。在我的讲座中,更多的是在我的辅导中,我尽可能多地使用合作学习原则。如果你来我的课上听课,你就会发现我的学生在向我和整个班级展示他们的知识之前,他们在不停地相互学习并二人一同回答问题。在我的辅导课上的活动中,我经常应用卡根(Kagan)的合作结构(合作学习方法)。幸运的是,在我到来之前,很多的作业都被设计成小组项目。然而,只是把学生放到小组中并希望小组正常活动是不够的。要明确教给学生技能,并给他们示范。在每一次辅导课上,我都试图做到这一点。同样,小组活动之后,反思小组活动的过程是很重要的,因为这样做的目的是要了解哪些活动效果好、哪些活动需要改进,以便让下一组活动更好地进行。这也是我要花时间做的事情,目的是要让我的学生学到更多的东西。这不仅仅包括特定的写作和展示技能,也包括人际沟通技能和小组活动策略。这些东西给他们带来的益处远远超过课堂的界限。

▶ 参考文献和拓展阅读

Anderson, R. S., & DeMulle, L. (1998). Portfolio use in twenty-four teacher education programs. *Teacher Education Quarterly*, 25, pp. 23 - 31.

Antonek, J. L., McCormick, D. E., & Donato, R. (1997). The student teacher portfolio as autobiography: Developing a professional identity. *Modern Language Journal*, 81, pp. 5 - 27.

Banfi, C. S. (2003). Portfolios: Integrating advanced language, academic, and professional skills. *English Language Teaching Journal*, 57(1), pp. 34 - 42.

Barrett, H. C. (2000). Creating your own electronic portfolio: Using off-the-shelf software to showcase your own or student work. *Learning and Leading Technology*, 27(7), pp. 14 - 21.

Brown, J. D., & Wolfe-Quintero, K. (1997). Teacher portfolios for evaluation: A great idea? Or a waste of time? *Language Teacher*, 21(1), pp. 28 - 30.

Burke, K. (1997). *Designing professional portfolios for change*. Palatine, IL: IRI/SkyLight Training & Publishing.

Campbell, P., Cignetti, P., Melenyzer, D., Nettles, D., & Wyman, R. (1997). *How to develop a professional portfolio: A manual for teachers*. Boston: Allyn and Bacon.

Costantino, P., & De Lorenzo, M. N. (2002). *Developing a professional teaching portfolio*. Boston: Allyn and Bacon.

Evans, S. M. (1995). *Professional portfolios: Documenting and presenting performance excellence*. Virginia Beach, VA: Teacher's Little Secrets.

Green, J. E., & O'Sullivan Smyser, S. (1996). *The teacher portfolio: A strategy for professional development and evaluation*. Lancaster, PA: Technomic Publishing.

Lyons, Nona (Ed.). (1998). *With portfolio in hand: Validating the new teacher professionalism*. New York: Teachers College Press.

Martin-Kniep, G. (1998). *Why am I doing this? Purposeful teaching through portfolio assessment*. Portsmouth, NH: Heinemann.

Seldin, P. (1997). *The teaching portfolio*. Bolton: Anker Publishing.

Stone, B. A. (1998). Problems, pitfalls and benefits of portfolios. *Teacher Education Quarterly*, 25, pp. 105 - 114.

Tanner, R., Longayroux, D., Beijaard, D., & Verloop, N. (2000). Piloting portfolios: Using portfolios in pre-service teacher education. *English Language Teaching Journal*, 54(1), pp. 20 - 28.

Wheeler, P. H. (1993). *Using portfolios to assess teacher performance*. Livermore, CA: EREAPA Associates.

Wolfe, K., & Dietz, M. E. (1998). Teaching portfolios: Purposes and possibilities. *Teacher Education Quarterly*, 25(1), pp. 9–22.

第八章

分析关键事件

一、关键事件的实质

关键事件指的是在课堂中发生的计划之外和意想不到的事件。这些事件可以给教学和学习的某些方面带来启示。在教学中分析关键事件包括记录和分析教学事件，从中学到经验并改进教学实践。以下花絮来自在日本工作的一位教师。它用实例说明了在课堂中发生的一个关键事件。

🔳 花絮

我给中低等听力/口语课上的学生布置了二人结对的活动。课程的第一部分关注实例，目的是要练习所需要的语言。我给他们提供了手册，其中有明确的分步指导。我问他们是否明白了要完成的任务。我回答了一些问题，然后课堂开始展开。我在教室中走来走去，一边观察大家是否都在按要求活动，一边回答一些同学提出的问题。似乎小组活动一开始进行得很顺利，然而当我走到教室后面的时候，一对学生问道："老师，你让我们干什么?"

马克·威金森(Mark Wilkinson)

反思

- 这件事的哪部分对马克是"关键的"?
- 你认为这一事件是如何产生的?

这件事可以被称为关键事件,因为它促使教师停下来反思事件的意义,也许还要考虑它的长期意义。记录和反思这种类型的事件可以是进程中的重要部分。通过这一过程,教师可以学到有关教学、学生和自己的更多的东西。

一件事是否能够成为关键事件取决于考虑它的方式以及它对教师理解教学的影响。对事件的解释以及事件的意义使它变得"关键"。大部分课堂中发生的关键事件都是普通事件。之所以关键,是因为它们解释了课堂中暗含的信仰和动机。从第一眼看,这些事件看起来不重要、不关键。然而,当对这些事件进行回顾和分析的时候,它们可能变得关键。以下是来自一名美国教师的实例。

花絮

最近,我注意到作文课上的这名学生。他叫艾尔弗雷德(Alfredo)。这门课程要求学生写一篇250—500字的文章。艾尔弗雷德写得很好而且他的作文明显比同班其他同学写得都好。他对句子结构的掌握非常好。通过举例和列出细节,他很好地解释了自己的观点。并且,他的想法组织得也很有条理。我读完他的文章给他打出"A"的成绩。我很高兴,因为课堂中有这样一名好学生。他在这些方面都很优秀,而其他的学生还在挣扎着写文章,并且为了得到好成绩,他们经常需要重写文章。

在期末的一天,艾尔弗雷德对我说:"如果你给我的作文分数低一些,我就会更加努力的。"听到学生的这番话,我感到吃惊。我也很难过,因为我感觉这名学生在我的课堂中,没有得到足够的激励,而且他学到的也不多。

从这件事中,我了解到我不能通过相互比较学生来判断他们——我需要按照他们自己的情况来判断。我应当把他们实际完成的作业同他们能够完成的作业进行比较,然后再给他们打分。否则,我对那些相对优秀的学生帮助不大——我很难帮助他们在写作能力上取得进步。从那时起,即便我认为一篇文章写得很好,我也要确保自己给学生足够多的反馈,比如,可以对文章进行哪些修改或者添加哪些内容以使文章更加优秀。我同学生一起努力,不再过多关注分数,而是更多地关注他们写作能力的发展。我感觉现在自己在写作课堂中更加放松了,因为我更加关注写作过程而不是简单地在作文的终稿上打上分数。所以,收到艾尔弗雷德的意见之后,我更加喜欢教写作课了。

艾瑞克·哈姆森(Eric Harmson)

反思

- 这件事为什么对艾瑞克很"关键"?
- 这件事如何改变了艾瑞克关于反馈作用的看法?

关键事件既可以是课堂中正面的也可以是负面的事件。通过对"教学高峰"或者"教学低谷"的反思,教师可以找出这些事件(Thiel, 1999)。口语课中的"教学高峰"可以是即时介入或者修改教案(即互动后的决定)。通过这样做,学生参与性的提高会给课程带来积极的效果。"教学低谷"可以是某个特定的问题或者令人困惑的课堂事件,比如,反思某个学生为什么无缘无故地停止会话活动。

二、分析关键事件的目的和益处

探索关键事件会带来若干益处。它可以成为反思性问询的一种形式;它可以帮助找出和解决问题;它可以找出好的实践;它可以给教师提供更加强烈的职业意识。集体讨论关键事件报告可以让大家分享专长,巩固同事间的凝聚力,并能够帮助找出可能影响整个机构的问题。以书面形式描述关键事件也可以是一些活动的中心任务,比如,撰写日志、课程报告、互助小组和同行听课。

分析关键事件可以在一些方面促进职业发展。

- 它可以催生更高水平上的自我意识。通过书面描述和讨论关键事件,教师可以更加强烈地意识到自己针对的语言教学和学习的猜想。以下花絮展示了一名教师如何意识到美国与韩国在课堂文化中的差异。

▶ 花絮

一天,一名学生举手问我在课堂上他是否可以说韩国语。我意识到,学生要我允许她在课堂上说母语。在语言教育的性质的问题上,这一情况与我的信仰发生冲突。我的美国背景让我认为所有的学生可以在学校过自主的生活,因为他们能对自己的行为负责。我对她说,在课堂上,如果她要向朋友澄清什么问题,她可以自己决定使用什么语言。

艾瑞克·哈姆森(Eric Harmsen)

反思

- 这一事件在哪方面解释了课堂文化中的差异?
- 你认为通过反思这一关键事件,艾瑞克学到了哪些东西?

- 它可以促进对已经建立的常规方法和过程进行评估。通过反思学生对不同的教学技巧和策略做出的反应,教师可以微调自己的教学方法。

花絮

一天,当我进行教学的时候,我意识到当我对学英语的外国学生提问的时候,我实际上是让他们完成一项复杂的工作。那天在我讲课的时候,一名学生在听写练习中拼错了"promote"一词。他改正这一错误之后,我问他是否明白这个单词的含义。他说他认识这一单词,但是他在我读的那个句子中没有听到这一单词。这一经历再一次告诉我,对于学英语的外国学生来说,听指令并不是一项容易的任务。这件事过后,我把这件事记在了日志上,我意识到当我问他们是否理解的时候,我实际上要求更多,并不仅仅局限于他们是否理解。我现在意识到我的学生如果要用外语回答问题的话,他们必须要经历三个而不是一个步骤。首先,他们要听懂语言。其次,当完成听的任务后,他们必须理解活动的要求或者如何开展活动。最后,他们必须用外语选择和组织合适的词汇来表达自己已经明白的意思——这比我想象的要复杂得多。

简·霍克尔(Jane Hoelker)

反思

- 你认为简从书面记录这一事件的过程中得到了什么益处?

- 它可以鼓励教师对教学提出关键性的问题。通过思考关键事件的意义，教师学会提出有关教学的多个层面的问题，而以前他们对于这些问题没有过多的思考。
- 它可以帮助教师把信仰变成意识。通过书面记录、阅读、分析和解释关键事件，教师可以更加强烈地意识到自己的信仰并且决定某些信仰是否需要调整。卡根（Kagan，1992）指出，教师的信仰通常是稳定的，并且这些信仰决定了教师能够给学生提供什么类型的教导。然而，信仰一般是不会接受批判性审查的。通过分析关键事件，信仰可以得到澄清和探索。
- 它可以为行动研究创造机会。分析关键事件可以成为诸如案例研究（第九章）和行动研究（第十二章）等后续研究的起点。本章结尾处的实例描述了一个关键事件是如何变成教师的行动研究项目的。
- 它可以帮助建立一个有批评精神的教师从业者团体。通过与其他教师一起考察关键事件，教师们可以创建一个从业者团体。这一团体可以影响一所学校中的教学实践和政策。
- 它可以为教师提供资源。编撰的关键事件报告档案对新、老教师来说都是一份有用的资源。

三、分析关键事件的步骤

1. 剖析关键事件

关键事件可以解释为构成课堂实践背后的原则、信仰和猜想。迪普（Tripp，1993）提出，理解关键事件有两个阶段。第一阶段是描述事件，而第二阶段是解释这一事件的意义（"什么"和"为什么"）。在更大的背景下观察这一事件，它就具有重要意义。

这时,这一事件就变成了关键事件。

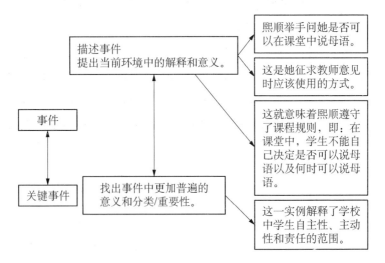

图 8.1　理解关键事件(修改自 Tripp,1993, p.26)

2. 准备和分析关键事件报告

把关键事件作为职业发展活动的时候,一名或者一组教师一般会在某一特定时间段内计划监控他们的教学(例如一个学期或者一门课的学时)并且准备一系列的事件报告。这些东西可以分享并且作为讨论和回顾的依据。

很多关键事件是对课堂普通事件的典型记录。有人给这些事件赋予了关键意义。希尔指出,汇报这样的关键事件(书面或者口头形式)应当遵循一些具体步骤:自我观察、描述所发生的事情、自我意识和自我评估。

- 自我观察。分析关键事件的第一步可以通过找出课堂中发生的重要事件来完成。通过观察自己的教学可以找出这些重要事件。教师可以通过撰写教学日志、录音或者录像、准备教案或者对课程中的相关问题进行报告来记录这样的事件。如果教师参与了诸如同行听课等的协作活动,两位教师可以回忆课堂中可能发生过的关键事件。以下花絮描述了一位马来西亚的教师课堂上的事件。

花絮

在开学的第一天,我走入课堂,开始上两个小时的作文课。为了检验他们的写作能力,我决定让学生写一篇200字的自我介绍的短文。一小时过后,一半的学生努力写完了几个段落,而另外一半学生连一个句子也写不出来。他们看上去很困惑,而我也真的不知道应该如何对待那些写完作业而又不能离开课堂的学生。我从没有意识到我要面对班级内水平如此参差不齐的学生。我只是一直在想,"我的硕士学位没有为我做好准备来面对这种情况"。

玛丽·艾力斯(Mary Ellis)

反思

- 你认为玛丽从这一关键事件中学到了什么?
- 你可以给玛丽提供什么样的建议来处理这种情况?

- 描述所发生的事情。报告关键事件的第二步就是详细描述所发生的事情。这种描述应当包括以下细节,例如:事件本身、导致事件发生的原因和事件之后发生的事情。
- 自我意识。报告关键事件的第三步可以通过分析事件产生的原因来完成。教师可能有必要去观察课堂授课的整体情况、课程目标、学生状态、时间、授课方式等问题。因为对于课堂中关键事件发生的原因,很少有单一的因果解释。

- 自我评估。报告关键事件的最后一步可能是最困难的一步。在这一阶段，教师需要考虑事件本身如何改变他对教学的理解。

在反思关键事件的过程中，教师可以问一些具体的问题（或者由一名协作教师提出这些问题），例如：
- 这一事件为什么对你重要？
- 事件刚刚发生之前发生了什么？
- 事件刚刚发生之后发生了什么？
- 事件发生时，你做出了什么反应？
- 你对这件事做出了什么解释？
- 这一关键事件给你带来了教学方面的哪些隐含猜想？
- 既然你已经反思了这一关键事件，如果这件事再次发生，你会做出不同的反应吗？原因是什么？

这里的重点是从关键事件对个人的意义上对它进行反思。这可能意味着检查自己的信仰和理解以及它们如何使事件变得关键。从这些事件中得到启示的一种方法就是收集有关讲课中断的资料（Thiel，1999；Wajnryb，1992）。瓦因比（1992，p.87）指出，课程失败指的是"讲课中的某一时间点，由于沟通问题和误解，难以进行下去"。教师描述了课程中断点，并询问中断发生的原因。他反思这一问题如何得到解决或者为何没有得到解决。如果问题得到解决，可以记录并且讨论问题是如何解决的。如果问题没得到解决，要提出一些有可能解决问题的方法。

3. 个人关键事件

尽管大多数关键事件很可能是在教室或者学校中发生的，但是有些事件可能给教师的个人生活和职业生涯带来深远的变化。例如，一名教师可能因为参加了一次会议或者工作坊而受到鼓舞或者挑战,于是,她决定去研究生院学习更多有关教学的东西。以下事件可以被看成是给教师带来重要个人变化的一个关键事件。这一变化代表了教师职业发展中的一个关键点。

花絮

下课后,我同一些年轻同事在咖啡馆里交谈。这时走进来一些老教师(在学校工作多年的教师)。我从自己的教学中并没有获得多少乐趣,因为我被迫使用了一种特定的教作文的方法。并且,学校很骄傲地宣布贯彻了这一方法。由于我没有教学的资质(我获得了音乐学士学位),我以前认为我会从一种系统的教学方式中受益。然而,从事这项工作9个月后,我感到枯燥无味并且对这种所谓的方法感到困惑,因为我不被允许同学生们真正地交谈和互动(我原来在课后同学生交谈和互动,但随着课时的增加,我几乎没有时间做这些事了)。我发现我真的喜欢课堂、教学和学生。但是,我很难使用学校强迫我使用的方法去教学。于是,那天下午,当那些老教师进来和我坐在一起的时候,我问了他们对这一教学方法的感受并说出了我的困惑。他们回答我说,担心教学方法是一种愚蠢的做法,因为教师不需要准备材料,所有的东西都在教师用书中准备好了。他们嘲笑我并且告诉我说我会适应这一方法的。按照他们的说法,我只需走进教室,"接入系统",因为在最近的3—5年他们都是这样做的。在那一时刻,我的生活在我面前闪烁,我发现自己也变成了类似的持怀疑态度并"接入"系统的语言教师。我在那时决定回到研究生院,并在语言教学方面获得资质。并且,有些学校强迫教师放弃自己的选择而使用学校规定的教学方法,我要避免去这样的学校任教。

哈罗德·宾尼特(Harold Bennet)

反思

- 为什么这一事件使哈罗德茅塞顿开?
- 在你的职业生涯中,你经历了哪些关键时刻?什么促使了这些关键时刻的产生?

很多教师发现,通过反思他们职业生涯中的关键事件,他们可以把工作的各个部分联系起来并且更好地理解他们的工作。在讨论教师是如何发展他们对教学以及自己的理解的时候,他们就认识到了传记性资料的价值。弗里曼指出,在讲述他们自己生活经历的时候,让教师处于中心位置是很必要的。他说,这种做法符合了爵士乐的一句名句,"要想讲故事,你必须知道故事"。在个人的教学职业生涯中反思关键事件,可能会找到以下问题的答案(Bartlett,1990):

- 我为什么成了一名语言教师?
- 这些原因现在还成立吗?
- 我的背景如何塑造了我的教学方法?
- 成为一名语言教师意味着什么?
- 我的教师身份符合我的个人性格吗?
- 我的语言教学理念是什么?
- 我的这一理念来自哪里?
- 这一理念是如何形成的?
- 我对语言学习的信仰是什么?
- 在我的培训中,哪些关键事件塑造了我的教师形象?
- 我的教学是对这些事件做出的反应吗?
- 在我的职业生涯中,哪些关键事件塑造了我的教师形象?
- 我的教学是对这些关键事件做出的反应吗?

四、进行关键事件分析

就像其他涉及以书面方式记录教学的活动一样,在分析关键事件的时候,教师需要做出一些决定。

- 分析是为谁做?阅读分析的人可能包括教师本人、其他教师(比如讨论小组中的教师)或者一名督学。
- 哪些事件是值得写的?你可以选择发生的任何事情或者关注某几种事情。这取决于你的目标。如果你把关键事件分析当成讨论小组的焦点,你可能会选择关注某些种类的事件(例如,那些同课堂管理、教学策略和学习风格相关的事件)。然后,小组定期会面,讨论和反思组员所经历的事件。
- 这要花费多长时间?分析关键事件的一个缺陷就是要在课后找时间记录事件。解决这一问题的一个方法就是事件发生后或者下课后,直接用录音机录下自己的话。然后,经过一段时间的反思,再把它写出来。这样的话,教师就不会因为刚下课时间紧张或者疲惫而省略了一些事件中的细节。

五、总结

关键事件是一些教学中发生的计划之外的事件。这些事件可以引发教师对于教学的感悟。分析关键事件包括记录并且反思这些事件。这可以通过个人或者协作活动来完成。尽管分析本身可以成为一项独立的活动,最好的做法是在分析关键事件的时候,把它同其他的一项或者多项活动结合起来,比如,撰写日志或者创建教学档案。以下是一个关键事件实例。

以下对于一个关键事件的总结出现在一个关键事件和教学

难题的案例合集中(理查兹,1998)。这一合集包含 76 个重要的教学事件以及教师自己报告的对它们做出反应的方式。这些精彩的实例让我们看到记录关键事件如何能够帮助教师思考那些与他们教学相关的关键事件,帮助他们描述这些事件。并且,在他们对这些事件作出反应的时候,给他们指出不同的利用经验、信仰和教育知识的方式。合集中的事件以三部分的形式进行描述:

一是情景,即教师工作的环境。
二是问题,即对事件的描述。
三是解决办法/反应,即教师如何对事件做出反应。

关键事件

这一事件源自教师试图帮助学生记忆新词汇的过程中(Laurie,1998,pp.360-364)。

一对一辅导中学习新词汇所遇到的困难。

第一部分 情景

鲁兹(Roz)在伦敦的一所私立语言学校任职。她正在进行一项个人辅导,目的是扩大学生的词汇量,提高学生的基本语法水平以及练习阅读、口语和日常对话。这名学生还想继续学习音标的写法。该项目进行了一周后,学生想要学时装工业领域的专门词汇和阅读材料。鲁兹使用了直观的教具、手语和身体语言、角色扮演和模拟等教学方法,但是她没有使用录音带和录像带。

第二部分 问题

一天,鲁兹注意到J(这名学生)在记忆新出现的词汇(一共8—10个单词)方面遇到了困难。鲁兹感到非常吃惊,因为J的学习积极性很高。鲁兹使用了辅助手段来帮助记忆,J的英语基础知识很好并且很外向,非常积极地用英语进行交流。J在记忆自己非常感兴趣的领域的新词汇的时候遇到了这些困难,对此鲁兹觉得这很不符合逻辑。

第三部分 解决办法/反应

因为出现了这一关键事件,鲁兹设计了两个简单而且兼容的策略作为解决方法。第一个就是限制她给学生提供的词汇量并且提高这些词汇重复使用的频率。在随后的三节课内,她都坚持使用同样的展示、练习和执行方法。第二个方法就是把大量和种类丰富的感官教具带到课堂中。鲁兹从时装杂志收集了12—15个视觉教具。从这些杂志中,建立了20个相关词汇的列表。在这一列表的旁边,她又建立了这些单词的音标列表。这两个列表构成了这三节课的词汇基础。

在每一堂课开始的时候,鲁兹让J划出她认识或者熟悉的词汇。在第一节课中,她不能完成这一任务。然而,在随后的两堂课中,她能够找出并且划出前几节课中学过的单词。通过反复使用和复习单词,J使用单词的不准确率下降了很多。在鲁兹看来,这说明她的努力没有白费。

参考文献和拓展阅读

Bartlett, L. (IWU). Teacher development through reflective teaching. In J. C. Richards & Nunan, D. (Eds.), *Second language teacher education* (pp. 202 - 214). New York: Cambridge University Press.

Brislin, R. W., Cushnew, K., Cherrie, C., & Young, M. (1986). *Intercultural interactions: A practical guide*. Beverly Hills, CA: Sage.

Brookfield, S. D. (1990). *The skillful teacher*. San Fransciso: Jossey-Bass.

Cortazzi, M. (1994). State-of-the-art article: Narrative Analysis. *Language Teaching*, 27, pp. 156 - 170.

Freeman, D. (1996). Redefining research and what teachers know. In K. Bailey & D. Nunan (Eds.), *Voices from the language classroom* (pp. 88 -

115). New York: Cambridge University Press.

Kagan, D. M. (1992). Implications of research on teacher belief. *Educational Psychologist*, 27, pp. 65-90.

Lortie, D. (1975). *Schoolteacher*. Chicago: University of Chicago Press.

Nespor, J. (1987). The role of beliefs in the practice of teaching. *Journal of Curriculum Studies*, 19, pp. 317-328.

Richards, J. C. (1998). *Teaching in action*. Alexandria, VA: TESOL.

Thiel, T. (1999). Reflections on critical incidents. *Prospect*, 14 (1), pp. 44-52.

Tripp, D. (1993). *Critical incidents in teaching*. London: Routledge.

Wajnryb, R. (1992). *Classroom observation tasks*. Cambridge: Cambridge University Press.

第九章

案例分析

一、案例分析的实质

在教师教育中,案例分析包括收集某一时间段内有关教学情况的信息,使用这一信息让人们更好地理解情况并从中总结出原则。在语言教学和其他领域,案例分析的基础是叙述(案例研究)。其内容是描述从业者如何进行实践并且解决他们面临的问题。在商业、法律和医学领域,案例分析已经有很长的历史了。例如,在商业教育中,学生们可能要研究一个现实中的成功的商业企业,并且试图找出其成功的秘诀。从1870年开始,哈佛大学就开始使用案例研究(Carter & Unklesbay, 1989),但是案例教学的方法在很久之后才进入教育领域。事实上,直到20世纪80年代中期有关案例的书籍才正式出版(Shulman, 1992),尽管在此之前花絮、关键事件和课堂模拟等方法已经被用来帮助新教师应对自己最初几年的教学工作(卡根,1993)。1986年,卡耐基教学专业工作组指出,案例方法应当在教师教育课程中更加广泛地得到使用:"用'案例'教学可以解释很多种类的教学问题,因此这种方法应当被发展成为教学的主要关注点。"(1986，p.76)在语言教学中，最近几年已经出版了一些案例集（例如理查兹，1998和TESOL案例研究系列）。

为了弄明白案例是什么，我们不妨先考虑一下课堂管理的问题以及思考一下我们如何能够更多地了解成功管理课堂的原则。其中一种方式就是参考一本有关教学的教科书并找出其中包含的信息。这些信息很可能是对专家或者一线教师的观点的总结。另一种可供选择的方式就是去另外一位教师的课堂中参观，了解他成功管理课堂的技巧，以便发现这位教师取得成功的方式。例如，我们可以让教师对他的课程进行录像，然后再观看，以便从中注意到成功管理课堂的情况。在观看录像的时候，我们也可以请求教师评论他在课堂的一举一动以及总体的课堂管理方法。另外，我们可以让这位教师在一段时间内关注并且记录自己是如何成功地处理课堂上出现的各种不同情况的。这一书面总结被称为案例。我们（或者其他人）可以通过阅读和分析案例来了解在管理课堂的过程中，这位教师所使用的原则。同时，我们也可以理解管理课堂的一些更加普遍的原则。以下花絮说的是两名在阿拉伯联合酋长国任教的教师的案例。他们决心找出两名学英语的外国学生作文写得好的原因。

▶ 花絮

我的同事，艾维尔·哈斯（Awil Hashi）和我决定调查两名外国学生为什么英语作文写得好。对这两名学生，我们开发了以下的案例研究。首先介绍一下学生的背景。他们都来自非英语国家，都在国家指导下的教育体系中接受过教育。A女士的托福成绩是500分。在10个月之内，她的英语水平达到了四级。N女士的英语水平在12个月内达到了四级。而大部分的学生需要

18—24个月的时间才能在托福考试中取得500分的成绩。因此,我们想知道,这种背景是否可以突出和提炼出一些促进她们第二语言写作专长因素,比如学习动力、能力、勤奋和应变能力。

首先,我们想找到证据,支持我们对她们优秀的写作能力的直觉看法。要做到这一点,我进行了语言T单位分析(统计每一主句中的平均字数)。分析对象是N女士完成的10篇作文作业和A女士完成的14篇作文作业。分析结果支持了我们的直觉,即:这两名学生正在高效地掌握书面英语的句法。她们给我们带来的另一个惊讶就是她们使用从句的准确率也达到了百分之百(状语从句、名词性从句,特别是关系从句)。因此,这就是她们的优秀写作能力的证据。

接下来,我们进行了网络访谈和面对面访谈。为了准备网络访谈的内容,我们考察了不同的策略(学生的种类、学习方式、左脑和右脑、自我激励和建立目标)。我的同事和我对学生们的元认知意识很满意。A女士说她的叔叔们是她的榜样,因为她六位叔叔都从大学毕业。这一外在的动力督促她学好英语以便她能够从扎耶德大学毕业并且以后在科技领域任职。N女士把句子用在了创作假想的角色对话的过程中。她比A女士更加外向并且她喜欢听电影中的对白。她既喜欢听英语歌曲也喜欢听阿拉伯语歌曲。她从小就告诉自己要把英语说好。她的家庭是她外部动力的来源,家人给了她力量并且督促她进步。

简·霍克尔和艾维尔·哈斯(Jane Hoelker & Awil Hashi)

▶ 反思

- 从针对这些出色的学生进行的案例研究中你认为我们可以学到什么?
- 从来自案例研究的信息中你认为人们可以归纳出什么?

这一案例研究的实例证明了案例研究的一些特征：
- 它关注在真实生活中收集信息。这些信息可以被用来讨论教学中出现的问题。
- 它关注的是我们想要进一步了解的问题的一个实例或者例证。
- 它的意义超越了它所描述的情况本身。
- 对于其他教师来说，它可以作为指导性的例证。
- 它详细地描述了一个情况，但并不一定对其进行分析或者解释。因此，这一案例成了读者用于分析和解释的资料。

作为教师职业发展的新举措，人们发现以下类型的案例分析很有用处。
- 一个学期内收集到的有关两名不同的学生（一名高水平和一名低水平的学生）在小组活动中的表现的信息。
- 有关教师在教学生涯最初的几个月所经历的问题的记录。
- 有关两名教师实施合作教学策略以及他们所遇到的问题的记录。
- 用一学期来观察一名高水平学生和低水平学生，并且写下观察记录，比较他们的课堂参与模式。
- 一篇日志记录，其内容是一名教师在典型的一周教学工作中必须要处理的课堂管理问题。
- 一篇教师在三周内使用教案情况的记录。
- 一篇有关两名教师消除误解的方式的记录。他们之间的这一误解产生于课程目标的问题上。
- 一篇有关于学生对作文进行修改的描述。学生在这篇作文上从草稿到终稿花了三周的时间。

以下花絮解释了一名对外英语教师是如何处理外国学生在一所英语授课的大学中第一学期所遇到的问题。

🞂 花絮

我任教的大学的许多外国学生告诉我他们难以适应新的环境。然而,当我问他们具体的问题是什么,他们的回答通常都很模糊。因此,在上一学期,我让他们通过写周记来描述自己本周所经历的各种问题。我们同意每周开一次会来回顾他们的发现。我们按这一日程进行了 5 个星期并且编制了一个问题列表(例如,语言和跨文化误解等问题),并列出了问题出现的地方(比如,讲座中、会议中)。我发现对大学来说,这是一个非常有用的信息资源。而学生们也发现,这种出色的方式可以帮助他们关注那些真实存在的问题。并且,当这些问题写在纸上的时候,他们就可以反思这些问题了。一周一次的讨论不仅仅涉及回顾问题,也包括试图找出问题的解决方法(有些成功,有些不成功)。

彼得·科拉菲(Peter Claffey)

🞂 反思

- 在国外的一所用英语授课的大学中,外国学生会面临什么类型的问题?
- 彼得还可以用其他什么方式来进行这一案例分析?

与关键事件有所不同的是,案例从找出某一问题和现象开始,然后选择一种收集有关信息的方法。关键事件分析指的是回顾没有特意准备的课堂中的事件并反思它的意义。尽管关键事件可以激发进行案例研究的兴趣,但是案例研究通常比关键事件分析有着更为广泛的关注点。因此,案例研究就是对真实生活环境的叙述性描写,是生活的"一个侧面"。它可以为教师提供一个平台来探索现实课堂中产生的问题。

二、使用案例的目的和益处

本书中的案例建立在对教师如何处理在课堂中遇到的问题进行描述的基础之上。对这些案例进行分析可以为获得珍贵的启示和原则提供根据。这能够使教师准确描述和分享他们在教学中使用的解决问题的策略。案例报告对其他老师,特别是对那些经验不太丰富的教师来说也是很好的资源。对于新教师来说,针对某一类特殊问题集中起来的案例(例如,教初级学生,应对不积极的学生以及教授报刊词汇)可以被当成珍贵的教师培训资源。以下花絮是一个案例研究的实例。这一案例研究是由澳大利亚的两位小学教师实施的。

▶ 花絮

我们有兴趣更多地了解学生们使用的学习策略。我们感觉自己需要更多地了解在我们英语课上表现出色的外国学生使用的策略。我们也想找出学生们对我们教学做出反应的方式是什么。我们使用了以下问题来引领我们的调查:

● 在我们的班级上,优秀的语言学习者使用了什么学习策略?

● 我们的学生在课外使用英语吗?

● 他们对学习英语感觉良好吗?

按照我们自己的标准,我们找出了两位 7 岁的优秀学习者。我们之所以选择了他们二人是因为他们似乎在班级中比其他学生学得更成功。我们决定通过班级观察、学生周记和访谈的方式来收集有关他们的信息。我们计划对他们观察一个学期。从课堂观察中,我们建立了一些学生在以下几方面表现的实例:

- 专心听讲
- 提问
- 在课堂内外使用目标语
- 与他人用英语互动
- 主动回答问题
- 使用诸如字典等的资源

我们还对学生进行访谈,目的是要发现在某一特定的活动中,他们认为最容易、最快乐、最有意思或者最困难的内容,并要找出其中的原因。学生还通过写周记记录他们对于学习语言的感觉和态度。在浏览这些资料的过程中,我们发现学生们使用了各种不同的策略来帮助自己成为成功的语言学习者。例如,我们问:"你是怎么记住自己学到的东西的?"他们的回答包括:

- 当你听的时候,就容易记住。
- 我要反复去做。
- 我同朋友和家人进行练习。
- 我把自己想记住的东西写下来。
- 我把句子粘贴在房间的墙上。
- 我花了很多时间看书。因为我喜欢学习,我就学会了。假如我的教师不监督我也不给我批改的话,我仍然要坚持学习。

尽管从调查中我们并没有发现任何令我们吃惊的内容,但是对这些凭我们直觉了解的内容进行证实和澄清还是有益处的。我们了解到了一项能够有效地促进学生学习的策略。这项策略设计提出以下问题:

- 你是怎么开始做这件事的?
- 采用哪种方式做这件事对你最好?

佐当那和博雅尼克(I. Zordana & S. Bojanic)

反思

- 你认为教师可能如何使用他们获得的信息？
- 你可以想出用于解释儿童在学英语方面取得成功的其他原因吗？

三、分析和讨论案例的步骤

1. 案例的来源

案例有两个来源。案例可以建立在教师自己课堂所发生情况的基础之上。通过叙述和反思自己的案例，在这些事件一步步地被展开的时候，教师可以更好地理解它们。正如奥斯坦和艾瑞特（Olshtain and Irit, 1998, p. 187）指出的那样，"描述和反思案例使得教师能够给不可预测的课堂现实带来秩序和连贯性。在这种现实情况下人们总能找到其他的方法来解决类似的问题"。教师还可以阅读和讨论由其他教师准备的案例。这些东西可以用作小组讨论的依据。以下花絮解释了马来西亚一所高校中一位教师的案例研究重点。

花絮

我最初是在一堂作文课中遇到这种情况的。一天，在一堂同伴互评课快结束的时候，莉泽尔（Rizal）感觉他的同学开鲁尔（Khairul）提出的意见并没有什么价值。他突然大发雷霆，说同伴互评是浪费时间的活动。我的课堂中从未发生过这样的情况。下课以后，我想知道这是否也是其他一些不愿说出自己想法的学生的感觉（马来西亚学生一般非常客气，所以不愿意得罪老师）。

同伴互评是我的写作课中必不可少的一部分,所以它不能被放弃(学生们要获得学分就必须按照课程计划进行。并且,与马来西亚大学合作的美国大学英语系的人员也在监控课程)。因此,我决定把开始那个关键事件变成一个案例,这样我就可以关注和反思它。我决定利用一整个学期的时间来监控学生使用同伴互评的情况,以便发现他们使用同伴互评的方式以及这一活动的益处有多大。

玛丽·艾力斯(Mary Ellis)

反思

- 你认为玛丽可以如何收集信息来为她的案例研究服务?
- 如果她只有精力关注班级里的 2—3 名学生,她应该怎么确定在她的案例研究中要关注哪些学生呢?

2. 为案例找到一个专题

根据我们的经历,当考虑为案例报告选用的题目的时候,留心案例两方面的问题是很重要的。

- 案例报告描述了一个教学情况、事件或者情节。这些将会成为反思和分析的焦点。
- 报告或者描述可以让人们从中归纳出一些结论或者从中得出一些原则。

如果对一个事件的描述没有超越自己之外的任何意义,也不会带来任何有意义或者相关的结论,那么,它就仅仅是一件轶事,便没必要对它进行更细的分析和反思。所以,选择用于案例报告的专题或者事件的标准就是可以从它们那里获得有价值和有意义的东西。通过关注某一事件或者问题,我们可以找出案例报告的专题。

- 课程中出现的两难处境。
- 你认为有问题的课堂日常安排或者活动。
- 给课程带来问题的学生行为。
- 发生在教师间以及课堂中教师与学生间的误解。

以下花絮解释了教师是如何在学期内检查学生使用字典的方式的。

花絮

我教的学生是来自中国的学术英语学生,他们正在准备上新加坡的大学。我对在本学期内学生使用字典的方式很好奇,因为我注意到他们频繁地使用字典。他们无论去哪里都带着字典。他们中的有些人使用电子词典,但大多人使用的是纸质字典。因此,我决定让学生记录一下他们使用字典的几个方面的问题。我专门让他们在日志中记录一周之内每天使用字典多少次、他们查了哪些单词(我让他们写下一周内所查的所有单词)以及在一周内他们在查字典上花费时间的情况。我选择了三位可以信赖的学生(他们分别是高、中和低水平的学生)。我告诉他们如果帮助我做这项研究,我可以为他们使用字典的情况出具详细的报告和分析。我对自己的发现感到吃惊。尽管这些学生的水平不同,但是这三名学生在一周大部分的日子里都使用字典,并且每个人都记下了一百多个单词。这项研究使我大开眼界。我现在认识到字典对这些学生来说是多么重要。我认为我们这些教师必须重新思考自己在学术英语课程中的定位。

玛丽·艾力斯(Mary Ellis)

反思

- 在你的环境下,你要在案例研究中特别关注什么事件?

- 玛丽还可以用哪些方法来检查学生使用字典的情况？

教师也还可以通过关注课程出现的问题或者自己感兴趣的部分来找出案例报告的专题。例如：
- 课程的开始阶段。
- 设立活动。
- 处理活动间的过渡。
- 结束课程。

教师也可以通过关注某一类型的教学活动来寻找专题。例如：
- 语法活动。
- 词汇活动。
- 发音活动。

以下花絮解释了一名语言教师是如何关注学生的发音问题的。

▶ 花絮

我已经注意到我的学生在发音方面有些问题。所以，在不中断正常教学活动的前提下，我决定给他们补课，帮助他们练习口语并专门关注发音。我要在一个学期的时间内监控他们在发音方面的进步情况。在给全班实施新的教学策略之前，我决定先在三名学生中进行实验并把他们当成一项案例研究。于是，我找到三名发音问题最严重的学生（我在课上听不懂他们的回答），问他们是否在课后愿意同我一起练习发音。他们同意了。为了进行发音练习，我准备了一些活动。这主要包括我每周给他们布置大声朗读的活动。这项活动持续 6 周（我们学校的一个学期）。我也给他们布置一些练习发音的家庭作业。我记录下了他们的表现并留心观察他们的进步。首先，我注意到了他们一开始出现的发音问题并且对每一位学生都准备了一份日志。学期结束的时候,我记录下他们在哪些音上取得了进步以及还要在哪些音上要进一步练习。通过这项活动,每位学生在发某些音的方面的确有所改进。而对于另外一些语音,他们在发音方面没有取得进步。因此,我将会用一种不同的方式来集中处理这些有问题的语音,看看它是否有效。无论如何,这都是一项有价值的活动。我的学生对我额外为他们付出的时间表示非常感谢。

马克·威尔金森(Mark Wilkinson)

反思

- 你是如何帮助学生提高发音水平的?
- 马克还可以用一些其他什么活动来提高学生的发音水平?

3. 撰写案例研究

我们建议书面的案例研究应当包括对环境的描述、问题或者情况的大纲,以及所实施的解决方案的叙述。作者首先要介绍一下背景,提出一个难题或者问题,勾画一下难题或者问题的情况,及其所带来的后果,并要加上一个结论。在结论中,要试图从分析中找出原则或者解决问题。

以下花絮是一个案例总结。在这一案例中,课程协调员努力在韩国的一个对外英语项目中进行变革(Farrell, 1998, pp. 125 - 128)。这一案例研究的作者就是课堂协调员本人。他用自己的话对这一案例进行了总结。其中的内容包括背景、问题和解决办法。

花絮

(1) 背景
- 韩国首尔的一所小型女子大学。

- 这一项目组中有25位兼职的韩国英语教师。
- 教学大纲和考试完全由主任本人设计。
- 每一名一年级和二年级的学生都必须上英语课。一年级学生上会话和视听课,二年级的学生上阅读课(指定文章)。

(2) 问题
- 因为我是这一项目组的第一位外国主任,教师们不知道从我这里能够得到什么。
- 以前的教师会议包括给教师们提供大纲。
- 教师已经进行了需求分析。
- 在本学期和本年度,教师们还没有开过会讨论他们的上课情况。
- 取得了什么进展:不同小组的教师(通常按年龄分组)经常以非正式的方式聚到一起,在午餐的时候或者在教师休息室中讨论问题。
- 教师们从未参加过其他小组的讨论。
- 为了试图更好地建立教师协作,我召集更多的教师针对某些专题进行讨论。这些专题通常是我认为重要的专题。
- 大家都来参加会议。因此,一开始我很高兴。
- 然而很快一个明显的情况是,在会议中只有我在说话。即使我们分组讨论的时候,情况也是这样。
- 当我要安排同行听课的时候,大家直接告诉我说"这不是韩国的方式"或者"这样行不通"。事实证明,这的确行不通。我遇到的最大障碍就是作为韩国学校中的一名主任,我应该让大家看到我更具权威性的做事方式(后来一名教授也这样说)。
- 在担任主任的第一年,我从未收到来自教师的反馈。相反,他们向前一任主任提供反馈。那位主任告诉我一切都很好。
- 我知道情况并不是如此。

（3）解决办法/回应

要解决这一难题,我试验了一些不同的方法。其中一些方法成功了,而另外一些只是勉强成功。

我努力找机会在我的办公室之外"偶然"遇见教师,以便发现哪些教师有兴趣谈论教学,哪些教授可能有兴趣分享她们对课程的看法。

关于教学：教师可以把教案（他们最满意的教案）带来并放到一个抽屉里,新老教师都可以对比和使用这些教案。真实的情况是我把自己的教案放到了抽屉里,其他的一些教师也这样做了,但人数并不多。抽屉并没有装满。但我努力使用这些非正式的讨论。

关于课程：我创建了一个考试委员会。这种方法看起来很有效,因为教师们肯定对学生们要参加这些考试这一事实感兴趣。如果韩国教师有一项最关切的事情的话,那就是希望他们学生获得成功。

惊奇：从考试委员会中,我发现一组教师对课程以及他们自身的教师发展十分感兴趣。这5位教师同我定期会面以便更加细致地讨论他们的课堂情况。我们对课堂进行了录音并且把磁带带到了小组会议上。我们播放磁带并讨论我们的教学。这种会议一直坚持了一个学期。

汤姆·法瑞尔（Tom Farrell）

反思

- 这一案例中出现的一些主要问题是什么？
- 你对汤姆所遇到的问题,还可能会做出哪些反应？

4. 使用案例研究

案例的目的是为讨论和反思输入内容。这可以通过许多不同的方式来进行。例如,学校教师可能决定以他们共同讲授的课程为基础来撰写案例分析(例如托福考试辅导班)。案例可以被用在以下几方面:

• 案例报告可以发给很多人来征求他们的意见,并欢迎大家对此进行讨论。然后,案例报告可以被放到教师资料室的档案柜中,以方便其他人阅读。

• 可以分发案例报告给一组教师。他们可以阅读报告并且发表自己的意见。

• 可以使用电子邮件把案例报告发给教师小组。

• 可以在小组会议中回顾案例报告(参见第四章)。可以通过一系列的问题来引导回顾过程。例如,设立以下问题的目的是要"鼓励创新性和批判性思维,而不是对案例提供事先确定的看法"(Jackson,1997,p.7):

——这一案例为什么是一个难题?
——主要的参与者是谁?
——主要的问题(情况)是什么?
——如果有这些问题的话,解决这一问题需要做什么?
——每一个解决方案所带来的后果是什么?
——如果你是决策者的话,你会做什么?
——从这一案例中你学到了什么?

• 讨论小组中的个人可以决定进行与案例相关的研究并比较研究的结果。

然而,案例研究并未到此结束,因为还需要对案例的结果做出决定。这包括从各种方案中选出一个结果,并且指出放弃其他结果的原因。

四、实施案例分析

在考虑如何准备案例之前,有必要考虑可能使用案例的方式。如果案例被用做学校或者机构中的教师发展活动,就会发挥一些有用的功能。比如,案例可以当成对课程的辅助资源,也可以被用来解决某一具体问题。然后,教师可以根据需要参考这些案例。例如,一年级教师可以创建一组案例报告来描述他们所经历的情况和问题。这些报告可以分发给经验丰富的教师,并由他们就此发表意见。或者,教授某一门课程的教师(如高级写作)可以编撰案例报告,指出讲授高级写作各方面的问题。这些报告就可以成为一份档案资源,供以后教授这一门课程的教师参考。这些材料可以为小组讨论提供一个关注点。这样,小组可以通过定期开会来分享和讨论报告。

在两名教师进行同行培训和日志写作的过程中,案例研究可以作为他们之间对话的基础。案例还可以作为教学档案的一个组成部分。

五、总结

教师拥有大量积累起来的专长和知识。但其中的一大部分通常不能作为供他人学习和反思的资源。通过记录成功实践的实例和探索以及描述在教学中出现的问题,教师就可以创作一套丰富的记录资料。它可以作为职业发展的依据。案例可以是对成功实践的记录,也可以为新教师提供宝贵的资源,方便他们探索和思考来自经验丰富的教师的教学实践。通过对案例研究进行阅读和评论,教师可以从他人的经历中学到知识,也可以对自己的信仰和实践建立更加深刻的认识。因为相对来说,案例比较容易建立,所以它们就可以成为一项初期的教师发展活动。教师也可以进行一些要求更高的活动,比如行动研究。以下案例研究实例来自香港地区的一名教师。他在鼓励学生阅读方面遇到了问题(Tibbits,1998,pp. 385 – 390)。

1. 背景

这是一所香港地区的用中文授课的小学。学生是按照数学和科学课的考试成绩来分班的。成绩最好的学生被分在理科班里。理科班学生的英语成绩也最好。然而,文科班学生在科学方面的能力较差并且学习英语的积极性极差,甚至他们中的大多数人都放弃了学习英语。学校并没有积极地鼓励学生进行泛读,并且试图鼓励学生进行课外阅读的努力也收效甚微。作为大纲要求的一部分,每个班级(一班至四班)都分配一本规定的课本。教师们经常告诉学生要通过阅读提高英语水平。每一个班级的阅读课文都相同。

2. 问题

四班因为纪律性差、缺乏积极性和英语水平低而有了坏名声。给他们规定的课本(罗尔德·达尔短篇小说的简写本)对他们来说很难(理科班中的尖子学生也觉得这些文章很难)。我提出更换课本的要求被拒绝了,理由是学生们已经买了课本,并且家长们也会质疑使用不同课本的合理性。

3. 解决办法

为了提高学生在阅读方面的自尊心和自信心,教师决定悄无声息地向学生们分发课本并且鼓励学生通过广泛阅读获得乐趣。尽管教师考虑过使用图书馆,因为那里有简写的课本;但她最终决定放弃这一想法,因为让学生们去图书馆是一件困难的事情。并且,图书馆对读者也不是很友好。学校放学后,图书馆只为学生开放30分钟,休息时间是不允许学生借书的。因此,教师决定建立一个课堂图书馆,并且向学生们介绍轻松的、不间断的持续默读方法(USSR)。然而,教师仍然面临着要读哪些课文的问题。学校不同意购买更多的书,因为学校已经有了一个图书馆。这位教师的另一个想法就是让学生每人买一本书,大家交换着看。然而,她又担心家长对此会产生抱怨。因此,教师决定看看出版商那里在座谈会上有哪些赠阅或者捐献的书。在随后的几个星期,她去了各种座谈会和学术会议,并且从出版商通常在这类会议上提供的样品中找到了大量的书籍(140本)。然后,她组织了一个课堂图书馆并且每个周期利用一堂课的时间来进行活动。学生被分成八人一组,并且从四个盒子书中选一种课本。课本被分为简单、不太难、比较难(适合于有时间的时候阅读)、难(但有意思)等类别。当学生们做出选择后,教师记录下学生的姓名。之后他们回到座位上安静地进行阅读。这项活动很成功。几周后,那些不太愿意读书的学生找到这位教师,问她是否可以让他们在午餐时间换一本书,以便进行更多的阅读。

4. 感悟

按照这位教师的看法,泛读课成功的原因包括:

● 选择的自由。学生们可以自己决定读什么以及想要读什么难度的课本。

● 非阅读性任务的自由。学生们不必通过写读书报告来证明自己读过书。学生们不必告诉教师他们读过书了,因为教师已经任命了一位课堂图书馆管理员(一名学生)来处理这些事。

● 拒绝的自由。学生们不必读完一本书。他们可以按照自己的喜好随时更换书籍。

- 公开讨论书籍。教师自己也读书，以此为学生做榜样。当学生来还书的时候，教师可以问他一个有关这本书的一般问题。比如问学生对某一人物或者某些情节的看法。
- 内在动力。教师让学生们自己选择读什么书，给他们提供他们可能感兴趣的书，并且不用诸如考试和写读书报告等外部的压力强迫他们阅读。这样，阅读的主动性完全由每一名学生自己来掌握。

参考文献和拓展阅读

Burns, A., & De Silva Joyce, H. (Eds.). (2000). *Teachers' voices 5: A new look at reading practices*. Sydney: National Centre for English Language Teaching and Research (NCELTR), Macquarie University.

Carnegie Task Force on Teaching as a Profession. (1986).

Carter, K., & Unklesbay, R. (1989). Cases in teaching and law. *Journal of Curriculum Studies*, 21, pp. 527–536.

Farrell, T. S. C. (1998). Communicating with colleagues of a different culture. In J. C. Richards (Ed.), *Teaching in action* (pp. 125–128). Alexandria, VA: TESOL.

Geiger, J., & Shugarman, S. (1988). Portfolios and case studies to evaluate teacher education students and programs. *Action in Teacher Education*, 10(3), pp. 31–34.

Jackson, J. (1997). Cases in TESOL teacher education: Creating a forum for reflection. *TESL Canada Journal*, 14(2), pp. 1–16.

Johnson, K. E., & Golombek, P. (2002). *Teachers' narrative inquiry as professional development*. New York: Cambridge University Press.

Kagan, D. (1993). Contexts for the use of classroom cases. *American Educational Research Journal*, 30(4), pp. 703–723.

Lynn, L. E. (1999). *Teaching and learning with cases: A guidebook*. New York: Chatham House Publishers.

Meijer, P. C., Verloop, N., & Beijaard, D. (1999). Exploring language teachers' practical knowledge about teaching reading comprehension. *Teaching and Teacher Education*, 15, pp. 59 – 84.

Miller, B., & Kantrov, I. (1998). *A guide to facilitating cases in education*. Portsmouth, NH: Heinemann.

Olshtain, E., & Kupferberg, I. (1998). Reflective-narrative discourse of FL teachers exhibits professional knowledge. Language Teaching Research (London), 2(3), pp. 185 – 202.

Richards, J. C. (Ed.). (1998). *Teaching in action*. Alexandria, VA: TESOL.

Shulman, J. (Ed.). (1992). *Case methods in teacher education*. New York: Teachers College Press.

Shulman, L. (1992). Toward a pedagogy of cases. In J. Shulman (Ed.), *Case methods in teacher education* (pp. 1 – 30). New York: Teachers College Press.

Tibbits, J. (1998). Encouraging extensive reading in a secondary. In J. C. Richards (Ed.), *Teaching in action* (pp. 385 – 390). Alexandria, VA: TESOL.

Wassermann, S. (1993). *Getting down to cases: Learning to teach with case studies*. New York: Teachers College Press.

第十章

同行培训

一、同行培训的实质

在同行培训的过程中,两名教师进行协作,帮助其中一人或者二人提高教学的某个方面。罗宾斯(Robbins,1991,p.1)为同行培训给出了以下定义。

同行培训是一个保密的过程。在这一过程中,两位或者多位专业同事以合作的方式反思目前的事件,扩展、改进和建立新的技能,分享观点;给对方讲课;进行课堂研究;或者解决工作中的问题。

在同行培训中,一名教师和一位同事寻找一系列的机会来共同探索教学。在探索某一方面的教学或者课堂活动的时候,其中一人承担培训师或者"挚友"的角色、可以信任和依赖的人以及可以以积极和协助的形式提供建设性反馈意见的人。在培训进行中和结束后,培训师为对方提供反馈和建议。培训师所提供的反馈的类型取决于事先设立的目标。在大多数情况下,我们更喜欢那种非判断性和非评价性的反馈意见。培训师提供看法和建议,但另外一名教师自己决定是否依据这种同行培训的关系做出改变以及做出什么改变。也就是说，每一名教师仍旧对自己的职业发展承担主要的责任，并且没有把控制权交给同事。然而，在一些情况下，可能需要更加直接的输入和评价性的反馈意见。比如，当一位新教师收到很糟糕的教学评价的时候或者在执行教学任务遇到困难的时候，他就可以请求一名经验丰富的教师来帮助他解决这些问题。

同行培训可以通过以下形式来完成：

- 同行培训可以是在教师与同事间进行的有关教学的非正式交谈，其关注的核心是在课堂中发生的事情、出现的问题和解决这些问题的方法。
- 同行培训可以是两名教师通过协作的方式准备教学材料的过程。
- 教师和培训师可以合作教学、相互听课。
- 两名教师可以合作教学，并在此过程中观察彼此的教学方法和风格。
- 教师可以对自己的一些课程进行录像，然后同培训师一起观看。

以下花絮中在马来西亚任教的教师使用了同行培训。他进行同行培训的目的是要为一个学术英语综合技能（阅读、写作和听力）班编写和使用教材。在这一花絮中，他简述了自己是如何进行同行培训来编写和使用新的阅读材料的。

▶ 花絮

我与另一位教师同课程协调员（实际是他在会议上提出了同行培训的想法）一起为一个综合技能模块撰写教材。这一模块包括阅读和写作两部分。在阅读这一部分，我负责编写某部分教材。这部分教材的重点是要帮助学生培养阅读学术专题文献的技能。当我完成这项任务时,我们在如何使用教材的问题上遇到了麻烦。因此,作为培训师,我给另一位教师提建议,帮助她在自己所教的班级中使用教材。有时,我向她解释我使用教材的方式。并且,她也到我的班级中,观察我在学生中是如何使用教材的。我们发现,在我们所有的班级中如果要让教材获得最佳的使用效果,同行培训的作用是很大的,因为我们想要确保在所有的班级中都能统一使用新教材。我们二人在使用教材方面的看法一致。因此,我们同其他使用这些教学模块的教师建立了不同类型的同行培训关系。

马克·威金森(Mark Wilkinson)

反思

- 这一同行培训关系为什么适用于马克和另一位教师?
- 为什么马克经历的同行培训关系对该项目有用处?

二、同行培训的目的、益处和类型

同行培训是一个发展过程(Joyce & Showers,1982),也是促进职业发展的一个有效方式。它为两名教师提供了观察教学问题以及寻找解决方案的机会。例如,同行培训可以为有经验的教师提供机会,让他们一起努力理解和实施一个新的课程安排。它还可以被用来帮助刚到学校的新教师向经验丰富的教师学习,因为它为教师们提供了一种支持的氛围。在这种氛围中,新教师可以尝试新的教学材料和方式。同行培训还能增强同事间的凝聚力。

我们发现,同行培训对培训师、教师和学校都有益。培训师从帮助同事中得到满足。同时,他在培训的过程中可以重新赋予自己的教学新的活力。被邀请做培训师也是自己的专业水平得到认可的标志。一同协作的教师也会从同行培训中受益,因为他们可以从自己信任的同行那里获得知识,可以获得有关他教学的建设性和不具威胁性的反馈意见,也可以丰富自己的教学经历。同行培训还可以减少教师的孤独感(Benedetti,1997)。学校通过巩固教师的技能和同事间的凝聚力以及提供岗位培训的机会而受益。这样就减少了对在职培训的需求。

同行培训有三种形式(Benedetti,1997,p. 41):技术培训、同事培训和难题培训。

1. 技术培训

技术培训指的是在某些情况下,一名教师想要学习一种新的教学方法或者技能,并需要另一名在本领域经验丰富、知识渊博的教师的帮助。例如,一名教师试图针对校园的不同地方的学生用一种网络和远程的方式进行作文教学。为了更多地了解这一方法,这名教师向一位同事请教实施这种教学的方法。然后,他的同事在教学过程中给他提供相关建议,并就这一方法的试用情况提出反馈意见。以下花絮概括了一名教师同她的同事交流教学方法的情况。这种教学方法使用电子邮件进行对外英语的写作教学。

◆ 花絮

多年以来,我注意到我的学生不太愿意交给我打印出来的作文,因为他们觉得这些文章会被我用红笔画得乱七八糟,并且我会在作文的上方角落里给他们打上分数后才把作文返还给他们。学生们一般都会说这种做法对他们提高写作水平帮助不大。于是，在参加一个国际学术会议的时候，我去了一个工作坊。那里讨论的题目是通过使用电子邮件帮助学生提高对外英语的写作水平。因为我的母语不是英语，我一直认为（有人也这样告诉我）电子邮件对发展学生的写作能力有害处，因为这会让学生养成不好的写作习惯。这一工作坊涉及的问题包括如何建立这一系统以鼓励学生探索题目、写初稿以及完成终稿之前即时（实际是几乎即时）得到有关他们作文的反馈意见。你可以想象，当工作坊结束的时候，我是多么兴奋。另外，我发现如果学生们遵守一些基本原则的话，我们可以通过建立这一系统来让学生同我进行互动以及彼此进行互动，从而提高他们的写作水平。当我回到日本后，这一系统令我感到非常兴奋。于是，我得到了英语系主任的允许，向大家演示这一系统的工作原理。我们都聚集在电脑房中，每人都有一台电脑。所以，我实际上带领我的同事经历了完成一篇英语作文的过程。然后，我向他们展示了自己同学生们成功使用这一系统的记录。当然，在同事面前做这些事我有些不好意思，但他们的积极反应鼓舞了我帮助他们在自己的课上进一步实施这一系统。我们都觉得这件事做得很成功。

中本洋子（Yoko Nakamoto）

▶ 反思

- 你觉得洋子还可以用什么方法来向同事展示她的专长？
- 你有什么专长可以教给你的同行？

2. 同事培训

同事培训指的是两名教师一起致力于改进他们目前的教学实践。在这种情况下，两名教师（其中一名比另一名可能在教学方法方面的知识要渊博一些，因此他可以担任教练的角色）可能仅仅想要证实他们对教学的看法。要做到这一点,教师可以邀请一位同事到自己的课堂中听课并且以一位挚友的身份提供反馈性的意见(参见本章结尾部分的一个实例)。

▶ 花絮

　　我教听力理解课已经很长时间了。我想知道现在这样的教学方法是否还是最佳的方法。因此,我决定邀请学校另外一名教听力理解的同事来听我的课。我非常想证明我自己的教学方法仍然是正确的。并且,我还了解到这位来听课的教师刚刚获得了对外英语教学的硕士学位。因此,她应当十分了解这一领域最新的理论和实践。另外,她来我们学校任教后,我同她的关系一直很好。我特别想确定我是否教给了学生正确的策略来帮助他们完成边听讲座录音边记笔记的任务。我的同事说,在她学习硕士课程的时候,她也在当英语教师,因此她对这项活动也有经验。我想确保学生们明白,尽管不同的人记笔记时使用的策略有所不同,他们必须能够使用笔记来帮助自己回忆信息。我的同事观察了我讲的一系列这样的课程。在每堂课结束后,我们讨论她在听课过程中所做的笔记。我很高兴从她那里了解到我的表现还不错。我们把我的意图同她所认为的我的目标以及她认为学生们所学到的东西进行了比较,结果它们都很接近。

艾瑞克·哈姆森(Eric Harmsen)

▶ 反思

- 你认为这种类型的同事培训的主要益处是什么?
- 他们还可以用其他什么方式来完成这种培训?

3. 难题培训

难题培训指的是两名教师共同关注出现在教学某一方面的问题,并一起努力来解决这一问题。例如,你认识的一位教师可能意识到他在向某些学生授课时无法让他们明白自己的意思。于是,他邀请一位可以信任的同行去听他的课,目的是要帮助他找出问题的原因,并且如果可能的话,也找出解决办法。

▶ 花絮

我们在香港地区有一个学术英语项目,一位缺乏经验的年轻美国教师(一位美国的助教研究生)在进行教学任务时遇到了麻烦。我同意听他的一些课并在每堂课后给他一些反馈和建议。我也请他听我的一些课并给我提供他的反馈和建议。通过这一过程,我们开始探索使用教材的其他方式。我的这位年轻同事开始明白如何调整自己的教学策略了。后来,他变得更加自信了,我们最后还成了朋友。

蒂诺·马霍尼(Dino Mahoney)

▶ 反思

- 你认为一名同行培训师在听课的时候是否会打断教学过程?为什么?
- 在听完同事的课后,同行培训师可以采用什么方式来提供反馈意见?

4. 同行培训中的角色

在同行培训过程中,这一对人中的每一位都要扮演一个特定角色。

(1) 培训师

我们愿意把培训师看成一位挚友、一位可以观察和谈论教学的教师,这是协作过程的一部分。这位"朋友"可以提供一个镜头来重新聚焦,并且对教学有着更清楚的认识。作为教师发展方式的挚友关系首先由斯坦豪斯提出(Stenhouse, 1975)。他建议教师与另外一人一同工作,而那位教师可以像朋友而不是顾问一样给这个人提建议。他这样做可以培养同伴的反思能力。然而,很重要的一点是要记住"亲密(critical)"一词并不像在日常对话中那样具有负面的意思。这里用的是这个词的希腊文原意:"分离"和"分辨",即把教学分成各个部分,然后分辨它们如何一同发挥作用(如果他们能够发挥作用的话)以及教学如何与生活的其他部分发生联系。我们这里用的"挚友"这个词指的是协同工作的教师。他们这样做是为了激发讨论和反思,提高教学和学习的质量(Farrell, 2001)。因此,挚友提供另外一个镜头。通过这一镜头,教师可以更好地看清自己的教学,提出问题,并且提供通过不同镜头所观察到的课堂资料,还可以提供意见并且以一种非论断的方式提供反馈,带来一种信任关系。在这种关系中,意见冲突被看成是具有建设性意义的,因为冲突可以为观察课堂提供一个新视角。

古特曼(Gotesman, 2000, p. 8)建议说,反馈应当受到同行培训座右铭"不表扬不批评"的影响。这种同行培训是以一种非论断性的模式来开展的。直到二人的关系上升到某一水平时,培训师才可以进行评估。当二人的关系达到这一水平后,教师已经准备好以开放和积极的方式征求改进教学的建议。古特曼指出,来自同行培训师的反馈意见应当是"具体到教师可以控制的问题。应当应教师的要求提出反馈意见而不是把反馈意见强加给教师。意见应当是描述性而不是评估性的。提供反馈意见时要讲究方法，寻找合适的时机。要检查意见是否清晰和简洁。所提出的意见要面对的是行为而不是（老师或者学生的）性格问题。提出的意见不要针对教师的个性，并且要有好的条理性"。因此，培训师应当是一名积极的倾听者。这样，接受培训的教师自己就能找到所讨论问题的解决方法。以下花絮就是技术培训的一个实例。琳是新加坡一个学术英语项目组中经验丰富的阅读课教师，在她刚刚接管学校的阅读项目后，她注意到该项目在课程计划中没有任何帮助提高阅读速度的课程。

花絮

我想要让所有的阅读课教师都使用这一方法，因为持续进行的用以提高阅读速度的课程是十分必要的。这些课程可以帮助学生提高整体的阅读技能。我没有时间来培训所有教师。于是，我决定培训其中的一名教学经验最丰富的教师，然后再由她来培训其他教师。我们两人在培训次数和培训班级上达成了一致意见。在这些课上，我可以培训这位教师，帮助她在阅读课上提高阅读速度。我同这位教师一起检查了以下要点。并且，当我在听这位教师的课的时候，我要找出她实施这些要点的方法。

- 确保学生们理解这项练习的目的——不要一上来就开始盲目阅读，要读出文章大意，不要求百分之百的理解；当回答阅读理解问题时，不要再回头看文章；等等。
- 让学生们了解他们应当努力达到的阅读速度——不同种类的阅读材料有相应的阅读速度。
- 学生们在阅读进度表上记录下阅读速度和阅读进度，并且记录下他们需要复习的词汇。

这位教师基本完成了每一项内容。我很高兴，因为她能够培训其他一些教师了。这种方法对项目中的每一人都很有效。

琳·梅尔（Lyn May）

🔲 反思

- 你认为同行培训是一种实施课程变革的有效方式吗？为什么是或者不是？
- 梅尔还可以采用什么其他方法来培训教师？

（2）教师

接受培训的教师需要乐于同培训师和挚友合作，要思想开放，并且对了解新的教学方法感兴趣。愿意试图改进自己教学的教师并不是在承认自己的弱点，相反，他仅仅是试图找到更好的教学方法（Gottesman，2000）。

古特曼（2000，p.37）指出了在同行培训关系中教师的以下几种角色：

- 坚持把同行培训当成一种分析和改进教学的方式。
- 愿意开发和使用一种共同的协作语言，以便在没有表扬和批评的条件下讨论整个教学行为。
- 愿意建立一种同行培训的关系（例如，请求培训师来听课或者应邀以培训师的身份去听课）。
- 以开阔的心胸去寻找更好的课堂教学方法。
- 以同事和专职从业人员的身份实施培训。

三、同行培训的步骤

同行培训可以以正式或者非正式的方式进行。在非正式的层面上，教师和同事可以坐下来，以交谈的方式讨论课堂中所发生的事情。两位教师还可以一同参加课程开发项目,一同为一门课编写教材并且讨论教材背后的理念。如果两名教师教的是同一类型的课程,他们可以分析自己的做法并且为改进课程或者教材提出建议。两位教师还可以共同上一门课并且观察彼此的教学方法和教学风格。他们还可以对课程进行录像并且一起观看录像。作为某一领域的专家,培训师还可以帮助教师获得讲课所需要的知识和技能。

在实施同行培训的时候,最初的三个阶段通常是很有用的。这三个阶段是同行观察、同行反馈和同行培训(Gottesman,2000)。

- 同行观察。第一个阶段是同行观察。在这个阶段中,一名教师观察另一名教师的讲课过程,但在课后不做出任何评论,也不给出任何建议。在这一阶段,培训师可以记笔记,但不应该与同事谈论或者评论课堂的事情。同行观察就是这样。在课程进行中只是听课而不用任何方式打断课堂的秩序。下课后,也不与教师分享观察的结果。记住这一点很重要。例如,教师可以请一位同行去听他上的阅读理解课。这位教师想要更多地了解自己在课堂上指导学生的方式,于是他邀请一位同行去听课,并且要他特别关注整个课程进行中他指导学生的方式。教师渐渐习惯了课堂中有人听课的情况,而同行在听课的过程中也锻炼了自己记笔记的能力。然而,在这一阶段,这位同行并不同教师讨论自己的听课结果。当两位教师都对这一过程感到很放松的时候,他们可以进入下一个阶段——同行反馈。

- 同行反馈。接下来的这一个短暂的阶段是观察和培训之间的一个过渡。在同行反馈的过程中,培训师收集数据后将这一信息提供给同行。在这一阶段不会出现培训或者改进的建议,出现的只是一些事实。这位同行可以在这一阶段培养自己的记笔记技能,也可以尝试不同的收集数据的工具,比如清单、录音和录像。

- 同行培训。在这一同行培训过程中至关重要的最后阶段,真正意义上的同行培训才开始进行。在这一阶段,如果教师要求获得这种类型的直接意见的话,培训师就会为改进教学设计提出建议。

同行培训和指导是一种特殊形式的同行培训。在这一过程中,一位有经验的教师同一位新教师合作,给他指导和反馈意见。作为导师的教师通常在这方面接受过专门训练和支持。这些导师通常从学校的经验丰富的教师中被挑选出来。他们能够帮助新教师学习任教学校所灌输的理念、文化价值观和特定的行为(Little,1990)。

针对刚来学校的新教师,玛德尔资和博得柯斯基(Malderez & Bodoczky,1999,p.4)描述了导师可以扮演的一些角色并且提出,大部分的导师都会"或多或少地扮演以下所有的五种角色"。

- 作为新教师的榜样,他们可以为新教师做示范并鼓舞他们。
- 作为文化输入者,他们可以帮助新教师适应新的文化氛围。
- 作为推荐人,他们可以把新教师介绍给"合适的人"。
- 作为支持者,他们能够倾听新教师的想法,并鼓励那些可能需要宣泄的教师。
- 作为教育者,他们能够倾听教师的想法,以便帮助新教师实现职业学习的目标。

一般来说,同行培训是导师和门徒的关系,因为在同行培训中对责任的限制更多,并且培训师和教师之间的关系更加平等。同行培训的目的是要在教师自我职业发展的过程中建立教师之间的凝聚力。

四、实施同行培训

同行培训可以由以下方式来实施。

- 找出教师对同行培训的看法。一开始,要为那些对同行培训感兴趣的教师提供有关信息,让他们了解同行培训是什么和不是什么,并为他们提供机会来讨论任何的关切和疑虑。在这一阶段,教师们可以讨论同行培训可能会以何种方式帮助他们实施职业发展。可供讨论的问题包括:

1. 同行培训包括哪些内容?同行培训可以如何帮助你进行职业发展?
2. 你认为作为职业发展方式的同行培训能够满足你的需求吗?
3. 你认为在听课的时候会出现一些问题吗?
4. 你认为在提供反馈意见的时候会出现一些问题吗?
5. 你希望通过参加同行培训取得什么成果?
6. 在哪些领域你愿意担当一名"专家"培训师?

- 为教师提供条理和激励机制。在同行培训的开始阶段,很有必要为教师提供条理和激励机制。这种条理机制可以表现为在日程表上安排同行培训的时间。同样重要的事是,要为教师提供参加同行培训的激励机制。为教师提供空余时间来参加同行培训,这种职业发展活动需要经历很长时间才能看到效果。学校的管理层还可以在教师进行同行培训的时间找人替他上课。可以让校长代一些课,并且(或者)使用正常工作时间进行同行培训。通过这些方式,学校的管理层可以进一步让教师安心参加同行培训。

- 选择同行培训活动的形式(例如听课和编写教材)。培训团队此时可以决定他们同行培训要关注的问题。一种最常见的同行培训就是同行相互听课以便反思各自目前的教学实践。通过观察彼此讲课，教师们可能想要扩展、完善和建立新的教学技能。同行培训师也可能想要教给另外一位教师一种具体的教学方法或技巧。同时，他也能获得使用完这一技巧后的反馈。另一种形式的同行培训还可以是观看针对某些特定教学技巧的录像并且在课堂中实施这些技巧的过程中提出一些意见。这些讨论可以关注教学技巧的适用性、目前的应用情况以及如何调整这些技巧并用在以后的课堂教学中。这项任务可能要把观看录像和听课结合起来。

- 为开展活动的方式和时间作计划。当教师们彼此建立信任、设定自己的时间表并且定期进行同行培训时，同行培训的效果就最好。要实现真正的同行培训，就要按照要求体系来完成它。一位教师要求一位同行在教学的某些方面培训他，目的是要帮助他改进教学。这不需要向学校领导汇报，不要求有"专家组"或者"精英组"，也不需要固定的行政管理时间表。

- 选择特定的题目。教师选择一位同行培训师，提出拜访他，或者与培训师一同选择培训的课题。教师的责任是要尽可能具体地说明他希望同行培训自己的内容。例如，如果协作涉及去课堂参观，教师可能就想关注诸如等候时间、课堂互动类型（教师与学生之间以及学生与学生之间的互动、教导的清晰度、类型和模式、教师使用表扬的方式以及教师提问的频率等等问题）。如果同行培训关注的是课堂研究以及在教师杂志或者学术期刊上发表这一研究结果，教师就可以找一位在出版方面有经验的同行并且同培训师合作，一同选择一本期刊来发表文章。培训师可以通过这种方式明确地了解教师想从他这里得到什么帮助。

- 反思和检讨。在任何同行培训过程中，教师和培训师都要暂时摆脱这种培训关系来反思所发生的事情。这一点很重要。这种检讨对同行培训关系的未来发展是至关重要的。对同行培训过程进行的任何分析都应当试图找出以下问题的答案:

1. 反馈意见是否具体?是否仅仅涉及教师所要求的题目范围?

2. 在反馈环节使用了什么样的语言?是评价性和(或)论断性的语言吗?如果是的话,如何在将来避免这种做法?

3. 同行培训的过程对教师有帮助吗?例如,如果这种培训涉及听课,培训会使讲课效果更好吗?

4. 教师是否还需要再被听一次课?

5. 教师是否现在愿意当培训师了?

进入同行培训关系的教师应当意识到可能在教师和培训师身上出现的问题。时间问题是人们经常提到的,需要考虑时间的压力。培训师需要时间进行讨论并且观察教师,教师也需要时间向培训师学习。我们发现,如果同行培训是一项由学校组织的正式活动,必须允许培训师减少教学工作量。这样,他才能把培训和教学结合起来。教师还需要时间和机会分析自己的教学,以便将这些信息向培训师复述。如果培训师对他们在培训关系中的确切角色不清楚的话,培训工作就很难开展。因此,他们需要在培训和教导技能方面接受一些培训。另外,同行培训关系有时难以预测。如果教师和培训师不明确他们的角色和责任,这一点就表现得更明显了。再者,要使这种关系产生效果,需要在学校和人际关系中建立信任的文化氛围。

五、总结

在同行培训这种教师协作的形式中,一位教师对一位同行进行培训,帮助他完成一项教学活动。这种形式的协作让所有的参与者都能受益。同行培训可以采取技术培训、同事培训和难题培训的形式。从培训过程的一开始就应当明确培训师和教师的角色。这一点很重要,因为这能够尽早在协作中建立信任的文化氛围。如果机构想要实施同行培训,应当向教师了解他们的关切,还应当通知教师他们在这一过程中所扮演的角色以及机构所要提供的培训结构。参与同行培训的教师要准备足够的培训时间,同时,组织培训的机构也应当为教师提供充裕的时间。以下是在日本的一个同行培训的情况总结(Sagliano, Sagliano, & Stewart, 1998)。

1. 背景

培训在日本的一所四年制大学的文科项目中进行。该大学以英语授课。这一项目组的一个独特的特征就是一些课程是由跨学科的教师结对来讲授的。该项目的理念是跨学科交流(语言——内容)可以促进对教学的深刻反思。

2. 参与者

该研究项目的参与者是三组跨学科领域的教师。其中三位教师是对外英语系的教师,并且在日本大学任教多年。他们学科领域的教学伙伴(两位历史教师和一位宗教教师)有多年的高校教学经历。其中一位教师在一个新学科刚刚获得了博士学位。所有的参与者都致力于开发课程以及进行跨学科的协作教学。

3. 过程(同行培训)

同行培训是合作教学的一个自然延伸。在这三个案例中,同行培训的过程都是从合作教学中发展而来的。在所有的这些情况中,三个教学团队的教师们对同行培训的愿望都来自自己的感觉,他们感到自己需要把语言和内容指导更好地结合起来。在其中的一个案例中,教师们在合作一开始就对彼此高度信任。在其他两个案例中,教师需要一些时间来赢得信任。当教学团队找出了课程的学习目标、开发了教材和共同指导了学生以后,他们以批判性的态度评价对方的工作。简而言之,他们定期会面,研究课程中某些具体方面的问题以及教师发展的问题。

4. 结果

三个案例都带来了不同的结果。其中一对教师通过同行培训发现了公开和持续对话的价值。这些对话是用来理清针对学生和教学任务的观点的。以前,太多的教师自以为已经了解的内容没有被陈述出来,因为这被认为是大家共同具备的知识。另一对教师发现他们越来越愿意并且也越来越能够认真倾听对方的观点。对学生的反馈做出反应让两位教师都有了更具创新性的教学风格。在第三个案例中,一位对外英语教师就课程内容是否适合日本学生的问题为一名历史教师提出了建议。这能帮助教师更好地意识到找出合适的向学生介绍新教学内容的方法的重要性。

5. 感悟

从这一同行培训的实例中,我们得到了一些感悟。第一,由于大学组织结构的特性、教学工作的性质以及教师个人内心的喜好,教师们可能不愿意改变自己的教学习惯。因此,积极有效的领导力以及来自管理者的支持对于成功推进同行培训来说是至关重要的。第二,教师们的价值观可能会发生冲突,解决这些冲突的源头仍然需要管理者的支持。第三,教师对彼此之间进行同行培训可能感到不安,这就需要培养信任和敏感性。同时,教师之间既应坦率又应体谅。第四,教师们可能对花时间培养同行培训的关系表示反感。同行培训关系可能被看成不受欢迎的额外工作。一旦教师同意通过协作来改进教学,大家在任何时候都要清楚地理解工作的目标、任务和参与者的责任。这对于这项事业的成功是至关重要的。

参考文献和拓展阅读

Bailey, K., Dale, T., & Squire, B. (1992). Some reflections on collaborative language teaching. In D. Nunan (Ed.), *Collaborative language learning and teaching* (pp. 162–178). New York: Cambridge University Press.

Benedetti, T. (1997). Enhancing teaching and teacher education with peer coaching. *TESOL Journal*, 7(1), pp. 41–42.

Bova, B. M., & Philips, R. E. (1981). *The mentor relationship: A study of mentors and proteges in business and academia*. ED 208 233.

Farrell, T. S. C. (2001). Critical friendships: Colleagues helping each other develop. *English Language Teaching Journal*, 55(4), pp. 368–374.

Glatthorn, A. (1987). Cooperative professional development: Peer-centered options for teacher growth. *Educational Leadership*, 45, pp. 31–35.

Gottesman, B. (2000). *Peer coaching for educators*. London: Scarecrow Press.

Joyce, B., & Showers, B. (1982). The coaching of teaching. *Educational Leadership*, 40(1), pp. 4–10.

Kaufman, D. (1997). Collaborative approaches in preparing teachers for content-based and language-enhanced settings. In M. A. Snow & D. M. Brinton (Eds.), *The content-based classroom: Perspectives on integrating language and content* (pp. 175–186). New York: Longman.

Kaufman, D., & Brooks, J. G. (1996). Interdisciplinary collaboration in teacher education: A constructivist approach. *TESOL Quarterly*, 30, pp. 231–251.

Kullman, J. (1998). Mentoring and the development of reflective practice: Concepts and context. *System*, 26, pp. 471–484.

Little, J. W. (1990). The mentor phenomenon and the social organization of teaching. In C. B. Courtney (Ed.), *Review of research in education*, 16 (pp. 297–325). Washington, DC: American Educational Research

Association.

Malderez, A., & Bodoczky, C. (1999). *Mentor courses: A resource book for trainer-trainers*. Cambridge: Cambridge University Press.

McCowen, M., Ewell, B., & McConnell, P. (1995). Creative conversations: An experiment in interdisciplinary team teaching. *College Teaching*, 43, pp. 127–131.

Robbins, P. (1991). How to plan and implement a peer coaching programme. Alexandria, VA: Association for Supervision Curriculum Development.

Sagliano, J., Sagliano, M., & Stewart, T. (1998). Peer coaching through team teaching: Three cases of teacher development. *Asia-Pacific Journal of Teacher Education and Development*, 1(1), pp. 73–82.

Stenhouse, L. (1975). *An introduction to curriculum research and development*. London: Heinemann.

第十一章

合作教学

一、合作教学的实质

合作教学有时又被称为结对教学。在这一过程中,两名或者两名以上的教师共同承担一个班级的教学责任——这些教师分担设计课堂和课程的责任、教学的责任以及完成与课堂教学有关的后续工作的责任。这些后续工作包括评估和评价。因此,合作教学包括合作做计划、合作教学和合作完成后续工作。具备不同教学经验的教师分担教学任务时,他们中间会有一些培训关系的成分。尽管如此,合作教学仍然能让教师以平等的身份进行合作。需要指出的是,我们并不认为分担教学任务是合作教学的全部内容。有的时候,教师向我们汇报,说他们认为合作教学指的是两位教师各自为一堂课的不同部分做计划,一名教师讲课的时候,另一名教师可以利用这一机会来批改作业或者休息。这不是合作教学,只是合作计划。以下的实例讲的是两位教师在日本分担教授一堂对外英语课的情况。

▶ 花絮

我经常与一名日本同事合作讲授我们的一些课程。我们认为这是一种很好的方法,因为它能够让学生们经历不同种类的课堂教学。并且,通过观察对方教学,我们也学到了东西。我们总是提前很早做好计划以保证在讲课时可以形成互补。有时,在一项活动中,一开始由我来带领,后来我的同事来接替我。当然,如果有小组活动,我们二人都在课堂中走动,帮助学生完成任务。因为英语是我的母语,我的同事有时候希望我去做他不太有把握的那部分活动——比如,大声朗读对话或者阅读一部分文章。但是,我认为在处理其他课堂问题方面,她比我更擅长。比如,带领学生做语法活动。

查尔斯·盖特(Charles Guyotte)

▶ 反思

- 你认为两名教师应当如何来决定他们各自该讲哪部分课程?
- 你认为学生们从两名教师合作教学中可以获得什么益处?

二、合作教学的目的和益处

在合作教学中,对于教学过程的不同阶段,两位教师一般承担同样的责任。共同计划、共同决策、共同教学和之后的共同回顾都会成为协作学习的强有力的渠道。尽管实施合作教学的后勤工作可能会遇到困难,但是定期参加合作教学会有很多益处。

- 同事间凝聚力。合作教学的一项重要益处就是它能促进学校教师间的凝聚力。学校生活中一个不幸的事实就是教师经常意识不到同事的长处和专长。教师们经常向我们汇报说，合作教学让他们能够从彼此身上学到很多东西，并且能够培养一种更亲近的职业和个人关系。

- 不同角色。当同事们一起讲一堂课的时候，每一个人都有机会在教学、听课、辅助教学之间进行角色转换。这种教学方式有别于单一教师课堂的节奏和要求。第二位教师还可以为他提供一些帮助。这种帮助仅凭一位教师是无法实现的（例如，监控结对和小组活动）。

- 合并专长。当两位教师讲一堂课的时候，他们可以在备课和讲课方面从对方的长处中学到东西。每一名教师对处理课堂难题都有不同的想法，并且每个人不同的经验都可以被借鉴。把他们的知识和专长结合在一起就一定能使课程计划做得更充分。这让每一名教师都对教学和学习有了新的认识。两位教师都认识到，不同的教学方法和技巧以及评估课程的方法和技巧会同时存在。他们对这种情况也很重视。根据香农和密兹朗（Shannon & Meath-Lang, 1992, p. 131）的观点，成功的合作教师"认识到了他同伴的天赋、技能和专长。并且，他也不感到自己被贬低或者自己的技能比同伴要差"。在课程进行的过程中，当一名学生误解了某些内容时，另一双眼睛就可以发挥作用了。正在讲课的那名教师仍然可以继续讲课，而另一名教师可以帮助那名学生解决问题。

- 教师发展机会。合作教学是教师发展的一个有效的手段。它提供了一个现成的观察课堂的环境，但其中又没有任何评估的因素。当两位教师相互听课时，他们可以为对方提供建设性的意见和反馈。合作教学还能帮助培养教师的创造力，因为在进行合作教学的时候，两位教师都明白自己是在为同事和学生授课。

- 带给学生的益处。两位教师同时出现在课堂中同样也会让学生受益。因为教师来自不同的地方,学生们听到了两种不同类型的语言,他们还能经历两种不同的教学风格。并且,学生还会有更多的机会同教师进行个人互动。合作教学可以促进个性化的指导,因为它创造的学习环境为学生和教师带来了更紧密的联系。

要想让合作教学取得成功,我们发现很重要的一点是两位教师对彼此应当充满强烈的信心。通过对60位有合作教学经历的语言教师所做的调查,人们发现教师们最大的关切是"信任和相互尊重"。有这两样东西存在,合作教学才能圆满地达成目标(Bailey, Dale, & Squier, 1992)。因此,合作教学中应当做好协调工作。只有这样,学生们才不会感到课堂衔接有问题。另外一个重要的问题是,合作的教师应当意识到彼此不同的教学风格并且试图在不同风格之间进行良好的过渡。如果教学团队配置合理,并且团队中每一名成员都按照事先约定了解并履行自己职责的话,合作教学就应验了那句古老的谚语"二人总比一人强"。

三、合作教学的步骤

1. 确定合作教学这一协作关系中的角色

任何情况下,合作教学的成功都取决于两位教师的技能以及他们能够在多大程度上清醒地认识到自己在团队中所扮演的角色。在为合作教学做计划的时候,重要的是要认识到所存在的不同类型的教学安排。这样,两位教师就可以选择或者修改最适合于他们环境的教学安排。根据我们的经验,在一学期的开始,举行一次简易午餐会是个不错的方法。在午餐会上可以介绍合作教学以及实施合作教学的不同方法。同时,还可以邀请进行过合作教学的教师同别人分享他们的经验。以下就是不同协作形式的合作教学的实例。

- 平等的伙伴。两位教师认为他们具有相同程度的经历和知识,因此,他们通过讨论和协商进行分享和做出决定。当两名经验丰富的教师参与合作教学时,这是一种典型的关系。在课程的每一个阶段,两名教师都担负着同样的责任,比如计划、讲课、监控和检查。在以下的花絮所描述的环境中,一些语言学院中新来的对外英语教师发现他们都缺乏经验。因此,他们一致认为,合作教学可能会让参与合作的双方都受益。

花絮

我最近刚开始为一所私立语言学院工作。我一开始就意识到大多数其他的以英语为母语的教师和我的处境一样——相对来说,我们缺乏教学经验并且对对外英语教师应具备的素质难以把握。我们决定结成对子每星期进行一次合作教学。在每一堂课开始之前,我们碰面并且确定由谁来教课程的哪一部分。当一个人讲课的时候,另外一个人听课。下课后,我们通过会面来回顾课程并且比较我们的笔记,讨论上面记录的哪些活动行得通,哪些活动行不通。这是一次非常有用的经历。我们都认为自己增强了信心,并且通过合作教学,我们的教学水平得到了提高。

罗斯玛丽·哈尔丁(Rosemary Harding)

反思

- 缺乏经验的教师可以从合作教学中获得哪些益处?
- 新教师参加合作教学会遇到哪些潜在的困难?

- 带领者和参与者。在这种情况下,一名教师扮演带领者的角色,因为他负责做出关于合作教学的关键决定。当一位教师具有丰富的合作教学经验而另一位教师对合作教学很陌生的时候,这种安排可能就是合适的。

- 导师和学徒。在这种情况下,一位教师被认为经验丰富而另一位教师是新手。比起学徒,导师一般承担较大的决策责任。通过合作教学为新教师提供支持的时候,这种类型的关系就会有帮助。
- 口语程度高的教师和口语不太流利的教师。在一些情况下,一位口语好的教师(可能是一位说母语的教师)可能同一位口语不太流利的教师合作教学。通常在这些情况下,那些对语言要求较高的课程由口语程度高的教师负责。
- 口语流利但未经培训的母语教师和有经验的非母语教师。在一些国家,以下这种情况很常见:没有接受过对外英语或者英语作为第二语言的教师培训或者缺乏这方面经历的教师被邀请来同本地训练有素的英语教师合作教学。本地教师有教学方面的知识和专长。有时,这些未经培训的母语教师被称为对话伙伴。当本地教师负责组织课堂的时候,他还同教师和学生"说话"。

2. 进行合作教学

合作教学中的一个关键因素就是要确定课程进行过程中每一名教师的责任。在前一节我们讨论过不同的角色可能会产生课程中不同的责任。在一些情况下,两位教师在课程中承担平等的责任。然而,并不是所有的情况都是这样的,特别是当一位教师的英语水平比另一位教师的水平低的时候,或者教师之间有权利分配的时候(导师和学徒或者带领者和参与者)。在一次完成的课程和系列课程中,教师的责任也会有所不同。根据教师所一致认同的协作的不同类型,教师需要一同提前计划课程和分配责任。以下花絮描述了一位教师对合作教学协作形式的评估。

花絮

我和我的教学伙伴感到非常惊讶,因为我们二人不同的教学内容可以有机地结合在一起。我们有着相似的教学风格,一同安排课程和一同上课比我们预想的要容易。学生们看到两位教师在一起高效地工作时,他们感到很有趣、很高兴。对于他们来说,这更像是一次文化展演,因为在他们自己的国家中,教师们一般不进行合作教学。

我们二人感到自己在合作教学中付出的努力没有白费,并且认为这是一种职业发展的渠道。我们的目标是让学生参与合作学习,并且不对教学方式进行判断。我们通过在教室中来回走动观察,发现学生们喜欢结伴学习。更加有意思的是,学生们对合作教学进行了积极的评论,并且对他们能够同两位教师一起互动也表示肯定。总而言之,我们一起合作很高兴。我们决定至少每周进行一次合作教学。这样,我们就会给对方机会,让他既是主角又是观察者。我们二人从合作教学中的过程学到了什么?合作教学要取得成功,要做的不仅仅是计划课程。教师们必须准备好以平等的方式接受自己的同事,尊重他们的教学风格和专长,并且还要准备即兴发挥,因为没有任何计划是一成不变的,并且谁也不知道学生们会对合作教学做出什么样的反应。意识到文化差异是重要的,因为一些学生对他们不熟悉的教学方法反应消极,教师必须准备去面对任何消极的反应并且保持耐心。

安吉里克 • A. 希纳斯(Angelique A. Schnias)

🔖 反思

- 两位教师如果在计划和讲授课程中承担相同的责任会出现什么问题?
- 选择合作教学的伙伴时你认为哪些因素是重要的?

四、实施合作教学

我们发现在建立合作教学关系的时候,以下因素是最重要的。要使教师长时间在合作教学中保持兴趣和积极性,就需要认真考虑这些问题。

1. 确定项目目标

在确定项目目标的时候,重要的是要确定未来合作教学的目标。目标是要帮助新教师完成教学任务,是要帮助新教师培养教学技能,是要在机构中培养更加强烈的同事凝聚力意识,是要让高级教师担任导师的角色,还是仅仅让教师从日常的常规任务中解脱一下呢?

2. 为合作教学做准备

同其他的教学创新一样,合作教学要取得最佳效果,教师们就要理解合作教学的性质、目标、原理以及可能会出现问题。教师可以通过做计划和在教师间进行讨论来完成这些任务。在这些过程中,可以就合作教学的频率以及实施合作教学的后勤保障的问题做出决定。同时,还可以确定有关参与者、他们所需要的支持以及所需要的准备工作等问题。这可以通过座谈会来完成。在座谈会上,教师们可以分享他们参与合作教学的经验。这项工作也可以通过工作坊来完成。在工作坊中，参与者讨论他们将要如何运用合作教学来讲授不同的课程。

同任何创新一样，在决定要在整个学期大规模实施合作教学之前，可能有必要先让一两对教师在一些课上尝试合作教学，讨论教学的效果以及出现的问题，在此之后才能进行大范围的合作教学。这种计划应当包括将要在课堂中进行的活动和使用的教材，并要确定由谁来承担课堂不同阶段中的不同责任。

3. 处理教师所关切的问题

如果你是一位督导或者项目协调员，你要确保每一个教学团队了解合作教学项目的整体目标以及这些目标同他们自身职业发展的关系。合作教学并不一定适用于每一名教师。一般情况下，如果教师自愿参加合作教学，效果就会更好。所以，应当预见到以下教师所关切的问题：

- 合作教学要花多长时间？
- 这是额外工作还是我正常的工作？
- 我要自己选择合作教学的伙伴吗？
- 如果合作伙伴的教学风格与我的教学风格不一样怎么办？
- 如果我们二人对教学方法产生分歧怎么办？
- 如果我最终承担了所有的责任并且做了所有的工作怎么办？
- 如果学生更喜欢其中的一位教师怎么办？
- 需要进行评估吗？
- 我在评估中的作用是什么？

如果合作教学的双方中一名教师对目标语言掌握得很好，而另一名教师的程度很低时，这些关切就变得尤其重要了。

4. 确定所使用合作教学的模式并找出参与者

下一步是要确定一个合适的合作教学的方法以及期望参与者在教学中所扮演的角色。如果教师是自愿参加合作教学的,选择同伴就变得重要了。

5. 监控进展

每一堂课结束后,教师们将要讨论课程的成功之处、学生们的反应以及该课程可能在将来进行改进的方式。为了保证合作教学的积极效果,所有参与合作教学的教师要定期会面来讨论他们目前遇到的问题以及解决这些问题的方法。这一点作用很大。教师们可以使用这些平台来讨论进展,提出调整和更改建议,并指出其他在合作教学过程中的关切问题。

6. 对学到的内容进行评估

尝试完合作教学后,重要的是要发现从中学到了什么以及合作教学是否还有价值继续进行下去,要找出学生和参与教师的观点。

学生。可以让合作教学课堂中的学生针对他们对课程的看法发表意见。内容包括他们自己感觉的兴趣点、乐趣以及他们认为自己所学到的东西。在判断合作教学项目效果的时候,学生们学习英语的动机所产生的影响是重要的。可以问以下的问题:

- 你认为通过合作教学,你的英语水平提高了吗?在哪些方面提高了?
- 当使用合作教学法的时候,你是否对学习英语更感兴趣了?
- 这些课程与你上的其他课有什么区别?
- 你愿意继续用这种方法学习英语吗?

教师。可以对教师进行调查,询问他们对教学过程的感觉以及他们喜欢和不喜欢课程的哪些部分。可以问以下的问题:
- 合作教学的好处是什么?
- 合作教学的劣势是什么?
- 你认为合作教学如何影响了学生的语言学习?
- 你觉得你的学生喜欢这种教学方式吗?
- 你想要提出哪些建议来改进目前的合作教学项目?
- 你希望继续用这种方法教英语吗?

五、总结

合作教学涉及通过分担和协作的方式来计划、开发、讲授和评估课程。重要的是团队中的两名教师在这一过程中的每个阶段都承担平等的责任。源自合作教学过程的共同计划、做决定、教学和检讨过程都会成为协作学习的有效途径。实施成功的合作教学要求教师对对方充满信心。教师应当对合作教学进行协调,对课程进行监控。这样,学生就不会感到讲课过程中断。下课后,教学团队应当检讨这一过程以便评估学生和教师学到的东西。这样,参与合作教学的各方可以决定是否要继续进行这样的教学。以下是对日本一所大学中的一个合作教学情况的总结(Stewart et al., 2002):

1. 背景

这一合作教学案例是日本一所英语授课的四年制大学的文科项目。这一项目包括一种保护浸入式教学法。讲课时,有一位语言教师和一位专业教师共同带领课堂。这一项目被安排在大学的前两年。参与这一项目的学生在学习人文和社会科学相关课程的时候,也提高了自己的英语水平。

2. 参与者

这种跨学科和合作教学在整个学校都得以实施。教师按人数被平均地分为语言教师和专业教师。超过百分之八十的教师是外籍教师,所有的教师都会说英语。

3. 过程

对于新教师,首先要让他们熟悉大学的使命和教学理念。这包括一些有关实施跨学科合作教学方法的工作坊。在每学期开学之前,教师们按顺序列出他们所选定的合作伙伴人选。学校管理者通过对第一和第二选择进行结对来确定合作教学的双方。一些教师的结对必须通过指定来完成。每一对教师讨论他们开发和讲授课程的过程。一般情况下,专业教师为课程的内容提出建议。一旦经过协商确定了合适的学习目标和内容,合作教学的教师就应当一同编写教材以适应课程的内容目标和语言目标。作为平等的合作伙伴,两位教师一同编写教材,一同授课,一同确定学生的分数。这些课程是独立的。两位教师同时出现在课堂中,一同授课。教学时间也是两人共享的。在教学过程中,他们交替扮演主角和配角。

4. 结果

学校的政策决定了合作教学演变的方式。在任何时候,两位教师都应当同时出现在课堂中。另外,应当保证每一名教师在确定学生本门课的最终成绩的时候各占一半的评分比例。除了这些要求外,语言教师和专业教师都可以自由地以双方都认同的方式安排合作关系。在此次教学实验的开始,许多合作团队最喜欢合作教学辅助模式的变化,即:尽管他们一同出现在教室中,但他们各自拥有自己的教学时间。教授同一堂课相"关联"的各个部分使得教师可以在备课、设计教材和课堂指导方面自由发挥。

随着教师的经验和信心的增加,一些教学团队开始采用一种协作性更加全面的跨学科合作教学方式。他们竭尽全力对语言教学和专业教学进行无缝衔接。

5. 感悟

合作教学要取得成功就需要有时间、耐心、诚实的反思、反复评估和来自其他教师与管理者的反馈。每一名教师都应当不断地发展自己的教学法。管理者应当在持续的职业发展项目中安排时间和组织活动。为了使得这项活动取得良好的效果,机构需要要求教师积极参与并想办法激励教师定期参加工作坊。经验丰富的教师团队应当辅导新来的教师,并且坦率地向他们讲述自己的经验,还应当为教学团队提供指导方针以保证他们能够提出正确的问题。在理想的情况下,管理者应当积极地参与合作教学,以便更好地认识其中所涉及的任务和要求。教师需要时间在课前和课后会面。教师还需要适合的会议场所,这样,他们在开会的时候就不会被打扰。

参考文献和拓展阅读

Bailey, K., Dale, T., & Squire, B. (1992). Some reflections on collaborative language teaching. In D. Nunan (Ed.), *Collaborative language learning and teaching* (pp. 162-178). New York: Cambridge University Press.

Bailey, K. M., Curtis, A., & Nunan, D. (2001). *Pursuing professional development: The self as source*. Boston: Heinle & Heinle.

Boice, R. (1992). *The new faculty member: Supporting and fostering professional development*. San Francisco: Jossey-Bass.

Chamberlain, R. (1980). The SP of the E. In *Team teaching in ESP, ELT documents* 106 (pp. 97-108). London: British Council English Teaching Information Centre.

Dudley-Evans, T. (1983). An experiment in team-teaching of English for occupational purposes. In T. Dudley-Evans (Ed.), *Papers on team-teaching and syllabus design, occasional papers*, 27 (pp. 35 – 41). Singapore: SEAMEO Regional English Language Centre.

Dudley-Evans, T. (1984). The team-teaching of writing skills. In R. Williams, J. M. Swales & J. Kirkman (Eds.), *Common ground: Shared interests in ESP and communication studies, ELT Documents*, 117 (pp. 127 – 134). Oxford: Pergamon.

Hatton, E. J. (1985). Team teaching and teacher orientation to work: Implications for the preservice and inservice preparation of teachers. *Journal of Education for Teaching*, 11(3), pp. 228 – 244.

Shannon, N. B., & Meath-Lang, B. (1992). Collaborative language teaching: A co-investigation. In D. Nunan (Ed.), *Collaborative language learning and teaching* (pp. 120 – 140). Cambridge: Cambridge University Press.

Struman, P. (1992). Team teaching: A case study from Japan. In D. Nunan (Ed.), *Collaborative language learning and teaching* (pp. 141 – 161). Cambridge: Cambridge University Press.

Stewart, T. (2001). Raising the status of ESP educators through integrated team teaching. *Asian Journal of English Language Teaching*, 11, pp. 45 – 67.

Stewart, T., Sagliano, M., & Sagliano, J. (2002). Merging expertise: Promoting partnerships between language and content specialists. In J. Crandall & D. Kaufman (Eds.), *Content-based language instruction* (pp. 29 – 44). Alexandria, VA: TESOL.

Teemant, A., Bernhardt, E., & Rodriguez-MunŌz, M. (1997). Collaborating with content-area teachers: What we need to share. In M. A. Snow & D. M. Brinton (Eds.), *The content-based classroom: Perspectives on integrating language and content* (pp. 311 – 318). New York: Longman.

第十二章

行动研究

一、行动研究的实质

行动研究指的是为澄清和解决实际教学问题及难题而由教师开展的课堂研究。"行动研究"一词指的是这种活动的两个层面。"行动研究"中的"研究"一词指的是系统化实施调查和收集信息的方式,其目的是要澄清问题或者难题,并且改进教学实践。"行动"一词指的是采取实际行动来解决课堂中的问题。行动研究在教师自己的课堂中进行,并且包括一系列周期性的活动。这些活动主要包括找出问题和难题,收集有关这些问题的信息,设计解决这些问题的策略、尝试使用这些策略并且观察其结果。然而,行动研究包括观察、分析、行动和检讨的周期性过程,因此它的性质表明这种活动需要很多时间来进行。于是,实施行动研究需要付出很多时间。所以,从实用的角度来看,行动研究在更多情况下被看成是一种协作活动。通过计划和实施行动研究,教师们可以加深对有关教与学的许多问题的理解。同时,教师还可以获得有用的课堂调查技能。

行动研究具有以下特征：

- 它的主要目标是改进学校和课堂中的教与学。它是在正常的课堂中进行的。
- 它的规模通常较小，其目的是要帮助解决问题而不是简单地为研究而研究。
- 它通常是由一位教师实施的，有时也可以同其他教师协作实施。

以下花絮解释了一位教师是如何利用行动研究的。

▶ 花絮

我对课堂中的情感因素感兴趣已经有一段时间了。于是，我决定通过开展行动研究项目来探索这一问题。促使我进行研究的是这样一个事实：我感到课堂中的青少年学生有时候变得可以预测，我感到学生的注意力似乎总是滞后。为了解决这一问题，我决定在课堂中实施一些变化，并调查这些变化所产生的效果。这些变化包括以下一项或者多项内容：(a)在课间时间播放轻松的音乐(两分钟的"音乐休息")。(b)停止讲课，并开始进行一个小游戏。这样，一堂课就可以分成几部分。(c)进行一次短暂的全身心反馈活动。实施这些策略几个星期后，我让学生们完成问卷调查，告诉我他们是否更加喜欢我的课了。我发现大部分学生感到现在的课程更加有趣了，少数学生认为变化不大，没有人对课堂的变化表示反对。我从中学到的一点就是要定期尝试各种教学和激励策略，以及征求学生对这些策略的用处的看法。这两点都很重要。

罗伯特·迪基(Robert Dickey)

🔹 反思

- 你认为教师通过研究自己的课堂实践可以得到什么益处?
- 在这个花絮中,哪些内容是"研究"? 哪些内容是"行动"?

二、行动研究的目的和益处

对于大多数教师来说,日常的教学活动一般对他们已经产生足够大的压力了。因此,一个比较合理的问题是,为什么要给教师加上额外的研究工作负担呢? 行动研究的支持者提出,这种担心反映了人们对行动研究的误解。因为行动研究是建立在教学基础上的研究,最好把它看成是为目前的教学加上一个研究的层面。这样就可以把行动研究看成是一种能够更好地理解和改进教学实践的方式。行动研究旨在重新定义教师的角色。因为它为教师提供一些手段,让他们确立自己改进教学的时间计划,也把改变和改进教学的责任从局外人(学校董事会、校长、督学或者研究者)那里转移到教师自己身上。正如萨格尔(Sagor,1992,p.5)指出的那样:"通过改变教师的角色,我们可以深刻改变我们学校的教和学的过程。"

实施过行动研究的教师经常汇报说他们对教学的理解产生了巨大的变化。例如,韩国的一名教师对他最近行动研究的经历进行了评论。那时,他正在向未成年学生教授英语。

🔹 花絮

我的第一次行动研究的经历是比较积极的,我甚至敢说是具有启发性的。两个问题促使我进行调查研究。这两个问题是家庭作业以及学生与教师之间的互动。这在当时是两个难题。学生们经常不完成作业,他们说自己没有时间写这些作业,因为他们有其他的功课和作业要完成。第二个问题就是教师抱怨学生们在课堂中不积极进行互动。教师们经常抱怨,说学生们都表现单一,没有独立的个性和人格。

怎么解决这一问题呢?编写一个问卷调查表,调查学生们的课外活动、时间安排以及课余时间所从事的活动(还有一些相关的问题)。问卷调查是用学生的母语撰写的。这样做是为了让那些英语水平不太高的学生也能看懂。这份调查表发给了一所私立学校的150名学生,他们的年龄从8—17岁不等。另外,来自一所公立学校的180名中学生也对问卷做了回答。问卷调查的结果极具启发性。同其他教师分享后,这些结果被用于教学实践,并取得了积极的效果,这些积极的效果甚至消除了文化误解。

调查结果与目前学生们、家长们和教师们的感觉相反。家长们经常说他们的孩子总在学习,所以没有什么时间进行课外活动。教师们,特别是西方国家教师,坚持认为他们的学生放学后要继续去私立学校上课,直到深夜(经常是半夜)才结束。因此,他们很自然地得出学生们很疲倦、厌倦上课和缺乏积极性的结论。

然而,学生们汇报说他们有足够的时间可以让自己过度沉浸在玩电脑游戏、看电视和录像、睡觉、玩足球、去教会、周末逛街、上网与朋友和陌生人聊天到凌晨两三点和听音乐等活动中。总而言之,他们有足够多的时间来"消磨"。只有三位接受调查的学生说他们在私立学校或者个人辅导的课程已经占用了全部时间,所以他们很难完成学校布置的家庭作业。看起来其他的学生是在喊"狼来了"。因此,我制定了家庭作业的规定。在6个月内,家庭作业的完成率超过了90%。极少数没完成作业的学生选择课后留在学校做作业,并接受处罚。

这一项行动研究的另一个积极的效果就是在教师培训会议中引入了文化工作坊和年龄工作坊。学生们的兴趣报告被展示给了教师，于是教师一起努力去了解学生们感兴趣的题目。教师们在课堂中利用这一信息来推动学生与教师之间以及学生与学生之间的互动。特别是有的时候，由于某些学生不愿意发言或者受到课本的限制，课堂气氛会变得沉默。学生们的积极性和参与性增强了，我再也听不到教师们抱怨学生们缺乏个性、没意思或冷淡了；相反，教师们现在在教研室中兴高采烈地讲述学生们的个人趣事。

这项研究为什么会取得积极的效果呢？也许因为用他们母语写的调查表让那些青少年们感受到了自己的重要性；也许是因为我们学校和教师们都对这些学生产生了真正的兴趣，把他们看成真实的人而不是机器人。这就是我第一次进行行动研究的经历。这些结果并不一定适用于所有的未成年学生的班级中。但在我的环境中，这些结果还是适用的，我利用这些信息来告诉教师们对学生们的兴趣要更加敏感。

行动研究还给了我一种职业感并且让我渴望继续进行研究工作。

杰克·金贝儿(Jake Kimball)

反思

- 杰克的研究是要解决什么问题？
- 研究对于教师和学生各有什么益处？

三、进行行动研究的步骤

行动研究包括若干阶段。这些阶段通常反复出现：

- 计划。
- 行动。
- 观察。
- 反思。

教师(或者一组教师)

1. 选择一个情况或者关切的问题来进行更详细的考察(例如：教师提问的情况)。

2. 选择一个合适的步骤来收集相关情况信息(例如：对课堂进行录音)。

3. 收集并分析信息，并且确定在教师的教学过程中有必要实行哪些变化。

4. 制定一个行动计划，以便促进在课堂行为中产生所期望的变化(例如：减少教师回答问题频率的计划)。

5. 观察计划对教学行为产生的效果(例如：通过对课堂录音来分析教师的提问行为)，并且反思这一计划的重要性。

6. 如果有必要的话，开始新一轮行动研究(Richards & Lockhart，1994，pp. 12-13)

伯恩斯(Burns，2002)把这一过程扩展为 11 项事件的周期过程。在她同澳大利亚教师进行的行动研究项目中，这 11 项事件得到了体现。

- 探索(找出需要调查的情况)。
- 识别(进一步详细地分析情况，以便对其进行更充分的理解)。
- 计划(确定收集哪些相关情况的数据以及收集的方法)。
- 收集数据(收集有关情况的数据)。
- 分析和反思(分析数据)。
- 猜想和推测(根据数据形成见解)。

- 干预（根据得出的假设改变课堂实践）。
- 观察（观察实施变化后课堂中发生的情况）。
- 汇报（描述所观察到的情况）。
- 写作（撰写研究结果）。
- 展示（向其他教师展现研究的成果）。

伯恩斯(2002，pp.14-15)用以下实例解释了这些步骤如何影响协作行动研究项目的设计。这一项目是由伯恩斯和谢丽尔·菲斯特(Cheryl Pfister)(教师)开展的。

花絮

谢丽尔是一位来自塔斯马尼亚岛州霍巴特市的教师。她想要开发一个项目来帮助她的学生在专业英语课上进行个性化的学习。她之所以选择这一课题是因为她越来越强烈地意识到学生们所经历的困惑。因为他们的词汇量有限，这些学生们不能描述他们的职业技能、经历和娱乐兴趣。她意识到不管学生们在通用英语方面的能力有多强，他们还是缺少专业英语的词汇量。

在初级以上的班级中，她所采用的教学方式让学生能够根据自己选择的题目来开发自己的词汇量。首先，学生们选择一个专门的领域以便自己通过自主学习在这一领域开发自己的词汇量。下一步，谢丽尔确保学生们可以得到学习资料并且向学生们说明可以为他们提供帮助。她为学生们提供了视频资料和参考书、字典、技术书籍、对外英语(专门用途英语)教科书、报纸和期刊、各种光盘资料和可以上网的电脑。谢丽尔把自己看成是帮助学生确立实际的、短期的和可以实现的目标的角色。她让学生们对自己的学习负责并建立自我监控的策略，以便衡量哪些词汇是适合的和有用的。

然后，谢丽尔为学生们上了三堂课。在这些课上，她让学生们关注词汇的定义和范畴、动词和短语以及语境中的词汇和从句。她鼓励学生走出教室去完成自己的项目。这样,他们就可以利用社区中的资源。例如,一名学生对另一名学音乐的学生说识谱的事情,两名学生在当地的一所技术学院中旁听了关于旅游的讲座,而另一名学生在车场同一名销售人员进行了交谈。

这些学生对专业英语的兴趣各不相同,而且他们的兴趣是建立在个人和职业基础之上的。这些兴趣点包括遗传学、生物学、旅行和旅游、纸牌、电脑绘图、吉他和音乐、足球俱乐部和赞助、新闻业、物理学上的磁场和能量、进出口公司和机构运作,以及人体中的酶。

最终,谢丽尔为学生安排了第四次课。在课上,她让学生向其他同学展示他们的成果。这种展示让他们有机会使用新学到的词汇。在进行展示的时候,学生们表现出了丰富的创造性:用英语写并演唱的一首歌;对一个有关国际旅游和预订酒店的伽利略电脑系统所做的解释;模拟坐公共汽车在曼谷旅游;一名汽车销售人员正在为推销做宣传;描述如何从报纸故事中获得最新消息。

为了收集资料,谢丽尔通过与学生进行单独讨论以及独立观察来监控学生们对课程做出的反应。她还使用了一个调查表来调查学生们从哪里学到的新词汇。按照重要性和使用的频率,这些学习资源的排列顺序如下:书籍、互联网、人、报纸、小册子、参观、光盘和诸如录像等其他资料。

谢丽尔坚持认为,新的教学方式意味着一旦给学生们一个出发点和策略,他们对承担开发专业英语词汇的任务就更加充满了信心。她得出的结论是:专业英语需要创造机会,提供支持,并且最重要的是相信学生们会有效地利用自己的时间。

反思

- 你认为谢丽尔从她的项目中获得了什么益处?
- 她本来还可以使用哪些策略来扩展学生们的词汇量?

我们现在要更加详细地考察在开展行动研究时通常所涉及的不同步骤。

第 1 步: 选择情况。

行动研究开始于教师对其课堂产生的关切或者开始于他想要探索和进一步研究的情况。以下是可以作为行动研究的重点问题的实例:

- 我的口语课上有一些学生从来不参加会话活动。
- 无论我多少次纠正学生作文中的错误,他们似乎还在继续犯同样的错误。
- 我想改变我进行小组活动的方式。我的方式在课堂上效果不怎么好。
- 我想更多地了解我改正学生口语错误的方式以及我的改正策略是否有效。
- 我想在学生中试验一些协作学习技巧。

为了找到行动研究的题目,我们强调选择某些情况的重要性。这些情况可以很快进行探索,并且也很有可能在研究后会有实践应用的跟进。行动研究项目的中心问题是保证该项目成功完成的一个根本因素。萨格尔(Sagor, 1992, p. 23)曾经指出:一些团队开始研究的时候就清楚地认识他们在研究什么以及他们为什么要做这样的研究。这样,他们就会找到完成工作的动力。相反,如果团队对自己的工作缺乏了解,他们就会对协作工作失去兴趣。

一旦找出了情况或者问题,要把情况或者问题更加具体化,这样,它就会成为行动研究项目的一部分。这就是要把情况或者问题变成一个更具体的问题。这样的一个问题通常关注教学、学生行为或者使用教材的某个方面。例如,找出的一些情况可以变成以下一些更加具体的问题:

- 我的口语课上有一些学生从来不参加会话活动。

更加具体的问题是:整个班级在进行哪些口语活动?

- 无论我多少次纠正学生作文中的错误,他们似乎还在继续犯同样的错误。

更加具体的问题是:哪些纠正错误的策略上的改变可能会提高学生作文的准确性?

- 我想改变我进行小组活动的方式。我的方式在课堂上效果不怎么好。

更加具体的问题是:用哪些步骤进行小组活动可以在我的学生中产生良好的效果?

- 我想更多地了解我纠正学生口语错误的方式以及我的改正策略是否有效。

更加具体的问题是:我在口语课中使用了哪些纠正错误的策略?它们的效果如何?

- 我想在学生中试验一些协作学习技巧。

更加具体的问题是:我的学生参与协作学习活动的效果如何?

教师还要确定他所选择的情况可以由他自己来探索还是最好同其他教师协作完成。一些行动研究的支持者坚持认为任何情况下,都最好把行动研究看成是一种协作活动。事实上,解决实施行动研究中所遇到的实际困难的最好办法就是团队协作的解决方案。尽管如此,与我们合作过的许多教师同样报告了个人行动研究项目成功的经历。

第 2 步：收集有关情况的信息。

要进一步探索教学的某些方面，首先有必要收集有关教师目前教学情况特征的信息或者在课堂中出现相关情况的信息。例如，根据找出的上述具体问题，可以收集以下信息：

1. 整个班级在进行哪些口语活动？

为了调查这一问题，有必要确定你目前使用的是什么口语活动，以及这些活动会带来什么类型的互动和语言应用。可以通过对课堂进行录音或者录像来提供这一信息。

2. 哪些纠正错误的策略上的改变可能会提高学生作文的准确性？

这一问题要求收集有关你目前正在使用的纠正错误的策略类型的信息，以及这些策略对学生们表现产生的影响的信息。可以试用其他策略并监控其效果。

3. 用哪些步骤进行小组活动可以在我的学生中产生良好的效果？

这里有必要去发现你目前使用小组活动的方式以及目前小组活动中所产生的问题。通过系统性地改变小组互动的特征，比如准备活动、小组规模和小组成员，可以确定更加有效的小组活动策略。

4. 我在口语课中使用了哪些纠正错误的策略？它们的效果如何？

这一问题还是要求通过对课堂进行录音或录像来收集有关你目前正在使用的纠正错误的策略类型的信息，并可以尝试其他策略并监控其效果。

5. 我的学生参与协作学习活动的效果如何？

要解决这一问题，首先应当描述目前你在课堂中所实施的典型的教学类型和互动类型。然后，可以使用协作学习的步骤来进行授课。之后对这两种教学方式进行比较。

了解进行研究的预期结果经常能够帮助教师确定所要调查的情况。研究是为了教师自己的兴趣吗？是为了解决学校普遍存在的一个问题吗？这是教师愿意在座谈会中展示的课题吗？这是他们愿意在简报中发表文章的课题吗？

教师通常需要在两个时间点上收集数据：进行行动研究之前和实施研究策略之后。在行动研究之前收集数据可以让教师深入地考察情况和问题，以便找到一个解决问题的方法。行动研究实施后收集到的数据可以帮助教师确定所采取的行动是否解决了问题。

可以用很多不同的方式来收集有关课堂情况的数据。伯恩斯（1999，p.79）指出了以下收集课堂数据的观察法：

- 笔记。描述和叙述观察到的事件，包括非言语信息、环境布置、小组结构以及参与者之间的互动。
- 日记（日志）。定期撰写的注明了日期的有关教学（学习）计划、活动和事件的叙述，其中包括个人理念、感觉、反应、反思和解释。
- 录音和录像。对课堂的互动进行客观记录的录音和录像。
- 文字记录。录音和录像的文字记录，使用一些约定的符号来分辨说话者并标明停顿、犹豫、重叠和非言语信息。
- 图表。教室的平面图或者示意图。该图显示了教室的布局，以及（或者）学生与教师之间的互动或者他们所处的位置。

第三步：有时行动研究可能还需要其他收集信息的非观察法。例如：

- 面谈和讨论。面对面的个人互动会为研究的情况提供数据，并且使得具体的情况可以从其他人的视角得以讨论。
- 问卷调查和普查。用一套书面问题在非面对面的情况中获得回应(通常关注的是具体问题并且可以征求事实性或者态度性的回应)。

- 生活(职业)历史。相关学生们自己讲述的个人过去的生活和学习经历的档案。这些档案可能需要经过一段时间才能编写完成。
- 文件。收集到的同研究课题相关的各种文件。这可以包括学生们的书面作业、学生记录和学生档案、课程概览、课程计划和课堂教材。

当然,每一种形式的数据收集方式都有利弊。某些步骤可以让大量的信息迅速地被收集起来(例如问卷调查),而另外一些方式需要花费更多的时间来收集到更加深入的信息(例如面谈)。收集到的信息要可靠,这一点很重要。也就是说,使用相应的步骤去判断相应的内容并且要进行准确的判断。为了保证做到这一点,其中一种方式就是从几个不同的来源收集有关被调查情况的信息,这被称为三角测量法。萨格尔(1992, p.44)给出了以下实例:

假如我要调查在课堂中我使用合作学习结构的情况,我可能要找一位同事来听我的课,我可能会评估录像捕捉到的我在课堂中的表现,我可能还要让另一名同事对我的学生进行访谈。如果这三种方法描述的结果都是一样的,这一结果就是对我教学情况的真实写照。

收集完所调查问题的信息后,教师现在的任务就是要审查这些信息并且理解这些信息所反映出的情况。这就要求教师筛选数据并找出从中出现的重要主题。例如,假设针对以上所谈论的情况和问题收集到了以下的信息:

1. 目前口语活动的进行情况。

发现:在课堂中,鼓励学生进行讨论的主要方法就是让学生结对完成讨论任务。小组解决问题的任务并不常见(只占用了10％的时间)。

2. 纠正学生作文错误中所使用的策略。

发现：教师纠正了学生的全部错误。教师使用下划线和符号来标记错误。学生们改正错误的方法就是只写出正确答案，他们没有重写作文。

3. 小组活动步骤。

发现：在小组开始之前，教师先做示范，然后学生们按照教师所期望的要求进行活动。所有小组活动参与者(四人小组)在讨论前就被分配了任务：组长、记录员和计时员。

4. 纠正错误策略的效果。

发现：所观察到的主要纠正错误的方式就是教师打断学生并且给他们提供正确的语言实例。有些学生大约用了5％的时间来进行自我纠正。

5. 课堂互动模式。

发现：教师一直站在前方。讲课时间占了整个课堂时间的80％，在其余20％的时间里，学生们以结对或者小组的形式进行互动。课桌是按照行列布置的。

第4步：制定行动研究计划并观察其效果。

根据收集到的有关目前情况的信息，可以制定一个计划，按照收集到的信息采取行动以便给课堂带来变化。行动研究起步时就有明确的改进教学和学习目标。因为行动研究通常具有尝试和解释的性质，它需要经过两或多个周期过程(参见图12.1)。这就意味着这一过程是螺旋上升而不是直线过程。

找出问题和收集到相关问题的信息后，教师现在可以尝试根据信息采取一些行动了。这一般包括改变教师的授课方式，修改教师所使用的教材，或者修改所使用的评价形式。一旦产生了一

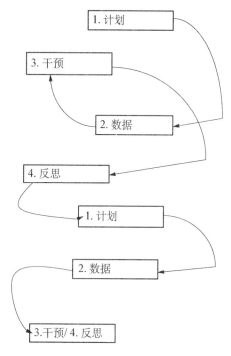

图 12.1　行动研究的周期过程

个实施变化的策略,就要在课堂中实施这一策略并观察实施改变的效果。例如,前一节中讨论的 5 个实例可以为实施小组活动和纠正错误的方式带来变化。随后,可以调查这些变化对课堂参与类型和错误率所产生的影响。然而,经常出现的情况是,伴随着对多个后续策略的尝试,最初在教学策略、教材、评价形式中的变化会带来新一轮的变化和监控。以下花絮解释了一位教师是如何采用这种方式来观察自己在课堂上的提问行为的。

花絮

很长时间以来,我都很想知道我在英语会话课上提问的次数和类型,然而,我从来没有真正腾出时间来考察这一问题。无论怎样，我下决心调查这一问题。我甚至问我在同一所学校的同事是否也想了解这些情况，以及他们是否愿意同我一起调查这件事。一位同事说她对此有兴趣。于是，我说我要先阅读一点有关对外英语教师在课堂上提问行为的资料。我读了图书馆的几篇文章并且惊讶地发现教师们通常问一些"炫耀型"问题——我们自己已经知道了自己提出问题的答案——而不是提出一些更具有智力挑战性的问题（我们提问前不知道答案的"参考型问题"）。一天，我邀请我的同事来我的班上听我的听力理解课。我使用的材料是哥伦比亚广播公司名为"60分钟"的电视节目——15分钟的新闻片段。我计划把15分钟的新闻片段放两遍。我让我的同事记录下我在课堂上提出的每一个问题。令我感到惊奇的是，在没有播放磁带的时间里，我问了45个问题。这段时间就是磁带播放前后的15分钟。另外，我的同事向我表示说这些问题中的40个都是"炫耀型"问题。获得了这一关于我在课堂中提问行为的信息，我决定要改变在听力理解课上我提问的次数和类型。我决定写下在下一堂课中我可能要提出的一些（10个）参考型问题并又一次邀请我的朋友去我的班上听课。课后，我的同事注意到我事实上真的使用了我所准备的10个参考型问题。这些问题在课堂上激发了更多的（持续）讨论。现在，我对自己在课堂上的提问次数和不同的提问类型更加敏感了，因为这些不同的类型可以让我从学生那里获得不同类型的答案。

艾瑞克·哈姆森（Eric Harmsen）

反思

- 教师记录下自己感兴趣的那部分课堂内容有什么好处？
- 教师还可以采用哪些策略来改变他的提问行为？

第 5 步：同他人分享你的发现。

行动研究的理念之一就是把研究的成果与其他同事分享。这会促进人们对这一发现产生更好的理解并且能够帮助"建立一个教学从业者的团体。该团体的目标是促进教师做研究以及建立一个公开接受公众检查和建设性批评的氛围"(Burns，1999，p. 183)。行动研究的结果可以用以下几种方式进行分享：

- 以口头或者书面的形式向同事陈述。
- 为教师杂志撰写一篇文章。
- 在互联网论坛或者小组讨论中发言。
- 创办一个工作坊。
- 创办海报并利用它展示行动研究。
- 准备录像材料来展示行动研究。

四、实施行动研究

在计划行动研究的时候，记住以下这些问题是很有用的。

1. 目的。我为什么要开始这一行动研究项目？是要解决在我课堂中出现的一个问题吗？还是有其他的什么目的？

2. 题目。我要调查什么问题？我的课堂中出现的什么问题让我产生了关切？

3. 关注点。我如何能够缩小调查题目以便在有限的时间内可以完成研究？我要问我自己哪些具体问题？

4. 方式。我计划如何进行研究？我需要哪些收集数据的方式？为什么？

5. 时间。完成这项研究需要多长时间？我有多少时间？

6. 资源。我可以利用哪些人力和物质资源来帮助我完成研究？我所在的机构能为我提供什么帮助？

7. 结果。这项研究按照我的目的可能产生什么结果？

8. 行动。我希望通过这一研究采取什么行动？我如何采取行动？

9. 汇报。我将会与其他教师如何分享这项研究的发现？我使用什么样的平台来做这件事？为什么？

五、总结

作为强有力的一种方式，行动研究可以帮助教师调查他们自己的教学实践。教师进行行动研究时通常的想法就是要改进课堂实践。这种类型的研究要求教师去调查一件令他困惑已久的事情。调查研究所采取的方式包括计划、行动、观察和反思。因为从行动研究项目中获得见识，语言教师不仅仅能够了解关于自己教学方面更多的事情，也能够更加熟练地对自己的教学实践进行调查。通过参加会议或者在语言教学期刊上发表论文，教师还可以同其他教师分享研究的结果。其他教师可能也会通过这种方式得到鼓舞，进而通过复制这些行动研究项目对自己的教学进行探索。他们也可以针对自己认为重要的题目和情况进行新的行动研究。他们甚至还可以对自身所处的独特环境进行行动研究。下面是一项行动研究的实例：

1. 反思周期[①]

萨波莉娜·阿尔梅达·利贝罗(Sabrina Almeida Ribeiro)

---

① 这篇论文的一个早期版本第一次出现在《新道路》杂志第 16 期(2002 年 1 月)，pp. 26—29。

(1) 环境

大多数语言教师都认为交际教学法强调流利并且可以忽略一些准确性上的小失误。然而,这仅仅是真正的交际教学法的第一步。一旦学生们的流利程度达到了一个令人满意的水平,从前被忽略的问题就应当被重新考虑。这样的交际法才会取得更好的效果。因此,就是那些最会使用"交际"法的教师也不应当忽略准确性,不应当忘记提高学生们作为语言学习者的"成长边缘"意识。

在巴西当了10年教师后,在我的许多学生中间,我经常碰到"中级高地"的问题。我似乎感觉尽管学生们明显地提高了口语表达速度,但他们仍然在同样的基本结构中犯错误。不仅如此,他们只能被动地掌握在他们水平内的新词汇。这些学生仍然使用源自拉丁语的单词,因为这些词的拼写与葡萄牙语类似。我决定调查这一问题,并且要反思我如何教学才能激励学生们提高他们的语言技能。

(2) 关注点

很多书的内容都是关于在第二语言学习领域中如何找到流利和准确之间的平衡的问题。因此,很容易就可以找到这方面的书籍和文章。里面充满了真知灼见以及可以在课堂中实施的具体步骤。我决定按照我手头已有的书中的提示进行教学,并且观察一组中级学生的表现。这些学生在圣保罗的 CEL-LEP 语言学校的中级项目中学习。

当我开始教这些学生的时候,我对他们英语水平的期望很高,因为他们学的是中级课程的最后一个阶段。然而我发现,尽管他们在学习中态度开放,充满激情,但在说外语的时候,他们很粗心并且不愿意去讨论那些包含了生词的话题。在完成课堂任务的时候,一旦他们能够分析出课堂任务的目的和重点,他们的交际策略就变得极不准确。我不想让他们为自己的英语水平感到羞愧,但是我想找到一种办法让他们把语言说得准确而且流利。

(3) 调查

帮助我进行调查的工具是我的课堂录音以及来自学生的反馈问卷表。首先要调查的是我的教学。因此,我计划对我的一堂课进行录音。其目的是要找出我对纠正错误的态度,教师和学生的说话时间、空间以及融洽关系。我还要分析学生们运用语言的质量以及他们最常犯的错误。当所有的数据被收集起来以后,下一步就是要针对我感觉需要改进的方面建立行动计划。

通过听录音,我发现我纠正错误的效果并不像我所希望的那么好。这是因为在很多情况下,学生们过分关注自己想说的内容而并不注意我的纠正。显然,我需要让班级做好准备,让大家更加开放,更加愿意接受我的纠正。因为,无论我在指导学生方面做出多大的改进,如果学生们对此不接受,他们能学到的东西就很少。

在随后的一堂课中,我又带去了录音机。我告诉学生这一堂课的关注点是他们的英语。我对课堂中每一次交际活动都进行了新的录音。我在家中听了这些录音,并且列出了他们犯的一些错误。在下一堂课的一开始,我向他们展示了错误列表,并且要求他们结对来修改错误。我们检查完所有的语句后,我让他们在列表中指出自己所犯的错误。然后,我让他们选择其中一个自己在本周不想再犯的错误,圈出它并且把列表还给我(参见图12.2)。

那个星期,我特别注意学生们说的外语。又过了一个星期,我把作业纸还给了他们,并且为他们提出了反馈意见。这些意见有的是对学生的表扬,有的指出了我观察到的错误所出现的次数。

这一新的步骤不仅达到了纠正错误的目的,并且向学生们展示了他们可以独立使用的一些策略。

学习日记
姓名：_____
两人一组来纠正这些错误。然后找出你所犯的错误，并且选择一个你不想再犯的错误。

<u>错误</u>   <u>正确形式</u>

1. There is a lot of bizarre excuses.
2. I've got to take my grandmother to bingo.
3. When I don't want to do something I gave the person a lot of excuses, but not strange excuses.
4. You don't need be on a diet.
5. I stopped to eat a lot.
6. I changed my mind to loose weight.
7. I have a strong hurt in my back.
8. I arrived to the doctor crying.
9. I never know say this word.
10. We bring to class with another ideas.
11. If I had started more serious in the past, study English, I would be in a better position.
12. A head Ferrari.
13. I know her since seven grade. Six years.
14. She has eyes of Japanese.

图 12.2

（4）回应

为了实现学生培训的目的，我准备了一个表格（参见图 12.3）。在这个表格中，学生们可以每周记录他们所犯的错误以及正确的形式。通过这种方式，学习过程变得重点更加突出，更具个性化和更有意义。

过了一段时间，我又进行了录音。这一次，我让学生们听录音并且自己整理出一张全班所犯错误的表格。他们可以选择想要关注的错误。作为课程的一部分，我们录制了一个口语流利练习,并且在下课前的 15 分钟听录音。学生们必须每一次听到一个错误的时候就举起手来,然后讨论出最合适的修改方法。一开始,他们不好意思指出其他学生所犯的错误。但在活动结束的时候,学生们很高兴,因为课堂中没有批评和论断的气氛。

```
学生日记
    日期            我说的(写的)内容          最佳形式



```

图 12.3

我又用了一次录音,但这次是在隔了一段时间后进行的。这样,我的教学才不会总在重复。并且,这次录音的目的也有一点不同。学生们在相互指导对方的时候被录音,然后他们参加了一项扩大词汇量的活动。在活动结束的时候,我又对他们相互指导对方的情况进行了录音。他们最后的任务不是要关注纠正错误,而是要听对方作出的改变以及使用的更多的词汇。

在这一轮行动研究结束的时候,我设计了一个问卷调查表,以便发现学生们对这一过程的印象(参见附录)。我很高兴地发现他们能够注意到自己在学习上取得的进步。

(5) 反思

哈巴德(Hubbard, P.)、琼斯(Jones, H.)、索顿(Thornton, B.)和维勒(Wheeler, R.)(1985, p. 37)指出:"每一名语言教师开始都要考虑学生们的短期和长期目标是什么,然后通过这些目标的实现情况来考察学生的成绩。"在这一轮反思过程中取得的成绩所带来的优势之一,就是为学生提供所需的工具来观察他们的表现。在我自己反思这一行动研究项目的时候,我认为教师专心关注于课堂中所发生的情况是提高学生意识的巨大推动力。教师越是积极地反思和处理课堂中所发生的情况,学生们就越有可能注意到他们自己学习中出现的情况。

有人可能会说,教师不应当让学生看到自己所犯的错误,因为这会加深学生对错误的记忆和让他们重犯错误。然而,我坚决相信学生应当能够认出、留心所学语言中的正确形式和错误形式。作为学习者来说,理解出错的原因经常能够帮助我们在使用语言时做出正确的选择。这一反思过程帮助我明白了一个道理,即作为语言教师,我们应当在授课时腾出更多的空间来讲授学习策略。这一做法会赋予学生力量,让他们能够不依靠教师来独立学习,并且充分利用课堂经历。

2. 发现课堂团体

大卫·梅奥(David Mayo)

(1) 环境

我在日本的一所私立大学任教。我教的是一些年轻女学生。他们学习英语的目的是为了国际交流的一般需要。其中有一些人在非常努力地学习语言,然而在大多数情况下,他们没有在广泛使用这种语言的社会中生活的经历。很久以来,我一直钦佩这些人所取得的来之不易的成就。在很多方面,我的学生的需求同很多其他亚洲学生的对外英语环境一样。在这种环境中,持续的文化动力影响着语言课堂中互动的质量。

同其他亚洲国家一样,在日本,邻里间的密切合作是必不可少的。这种过分依赖别人,同时又使双方都受益的情况容易限制人们追求自己的目标,因为他们害怕来自自己团体的不满和嘲笑。伴随着工业化的进程,用不了多少时间,对许多日本人来说,调整自己以适应新的教育体系就变得非常必要了。在这种体系中,从中学开始,学生们必须以独立的身份去为自己梦寐以求的职业而竞争,他们失去了邻里合作所带来的益处。但是,他们仍然害怕受到别人"白眼"的伤害。现在,他们怕的是竞争对手而不是保护者的白眼。

(2) 关注点

学生们把自己看成是独立完成赛跑的运动员。这种心照不宣的观点甚至在女子大学中也很盛行,尽管这里的竞争压力比较小而且社会关系发展得也很好。像其他教师一样,我也试图在我的课堂中通过恢复合作原则来减少学生们在学习上的孤立情况。

我过去采用了在对外英语课堂中常用的两种学生合作方式:小组形式(典型情况是四人小组)和结对形式。我发现每一种形式都有其自身的优势,至少在那些以成果为目标的任务中是这样的。我在计划一门新课的时候感到要重新思考合作的问题。这门课重视学习过程中学生的主动性,学习新课程的学生被分成了四人一组的讨论、写作和口头汇报小组。

(3) 调查

设置小组是以学生为中心的学习方式的基础。为了评估小组的设置效果,我决定写课堂日记。这种研究工具要求我在监督课堂活动的同时,对课堂过程进行详细的记录,以便进行之后的分析(Nunan, 1989, pp. 55 - 60)。尽管这项任务很艰巨,但在学生们进行小组活动的时候,我可以进行这项活动。

在第一次课开始之前我就开始写日记。第一篇很长,写的是关于备课的内容。在这里,我试图为研究项目建立某些同课程目标大体对应的目标。这一"早期反思"的目的是要让观察课堂发挥最大的作用。这样给我创造了一个机会,以避免在课程设计中犯错误。这门课给那些学习积极性非常高的学生的回报就是让他们能够有机会使用英语，并从中获得满足感和成就感。因此，我要留心那些影响单个学生积极参与活动的因素。我为我的课堂日记内容设计了以下的框架：

- 目标。

每一天的记录开始的第一句话就是对那一天目标的叙述。

- 出勤。

因为小组活动的成功可能取决于学生们的按时参与，每一篇记录都应包括小组成员缺席的情况。

- 事件。

每一篇记录的正文将会报告那一天课堂中所发生的情况，并要持续记录具体目标的完成情况以及学生的明显的满足感。

重要的是随着每件事的发生对它进行真实的记录，这样就会抓住我自己在那一刻的印象和反应。作为一个辅助的测量手段来保证报告的准确性和弥补实时报告中不可避免而出现的误差，所有的课堂都被录了音。反复听这些录音的某些部分也会丰富我对日记的分析。

从这种研究中获得的数据的价值类似于让掩埋的知识重见天日的心理分析过程。在我的日记正文部分所记录的我所观察到的情况很快就开始呈现出一种循序渐进和精准的叙述状态。以下是一些日记的节选：

第二天……学生们完成了阅读但是还没有开始交谈。我意识到自己犯了一个错误，因为我没有为他们提供一个讨论的机制。于是，我建议他们首先选出一名代表。然后，这名代表就会征求大家的意见并记录下来，并以此作为报告的根据。

第三天……学生们不愿意讨论。他们更愿意写下来自己的意见，然后让小组代表去整理。第二组的代表是一位能力非常强的学生。然而,当我鼓励她开始陈述的时候,她只是给了我一个会意的眼神。

第十二天……尽管第二组的成员们现在彼此都熟悉了,但他们要开始行动还有一些困难。他们往往会坐在那里盯着材料,直到我坐下来同他们一起活动……我认为我已经知道这里出现的尴尬情况的原因了。在其他的小组中,其中一名学生可以当其他同学的"大姐"。与此不同的是,这一组有三名学生可以担任这一角色。他们认识到了彼此的能力,尊重这一能力并且一味地服从这种能力。

这种下意识积累和完善起来的观察揭示了一些学生们的需求。如果我只是一位教师而不是教师科研者的话,我可能忽视这些需求。在一些小组中,很明显学生需要自由,她们不愿意在某些其他同学的"关注"下进行活动,因为她们缺乏自信或者感到展示自己的卓越能力会使自己被孤立。在第二组中,三名高水平的学生只是需要很自然地寻求合作机会。这些学生最终成了好朋友,而他们也很愿意把自己的强项合并起来。看起来,我阻碍了学生们的合作,因为我给他们发出"合作"的含蓄命令后,就不管他们了。

(4) 回应

这一新的见解促使我去寻找另外一种小组活动的模式。这种模式可以在学习过程中促进合作。为了达到实现差异化课堂的目标,即:在这种差异性的课堂中,"学习内容和学习环境都按照学生的程度来设计"(Tominson, 1999, p. 2),我设计了一个灵活的协作学习方案。与小组模式相比,这种方案使得相互支持和个人努力达到了一个效果更好的动态平衡。此时,小组不是事先设置好的。相反,进行个人学习任务的学生可以自由地在课堂中走动,像邻居和同事一样相互询问。这样,他们就会建立临时的机动小组或者选择独立完成任务。尽管我鼓励学生在学习过程中寻求彼此的帮助,但她们对有效参与自己的活动负完全的责任。随后,我在另一个班级中对这一安排形式进行了一些修改。通过让学生们自发地互相帮助,这种自由的协作为同学相互给予全心全意的支持开辟了道路。如果我不用这种方式,这些学生们可能不会建立小组。

(5) 反思

很多作者都提倡把学生编成小组,以此来取代教师一人站在课堂前讲课的情况。从20世纪90年代开始,小组活动在交际法语言教学中的地位已经非常稳固,甚至在陈述小组互动的优点的列表旁边都列出了"不进行小组的借口",并且每一个借口都被否定了(Brown, 1994, pp. 173-178)。尽管如此,从这次行动研究中获得的启示督促我去超越以小组活动为基础的课堂教学步骤。在我对自己的发现进行反思的时候,我认为小组活动的原则中有两个弱点。

首先,在推动学生的自主学习过程中,小组活动有被教师忽略的专制的一面。如果我们接受由教师确定的小组的形式和结构,那么我们也应当接受这样一个事实:一些学生被迫进行不情愿的小组合作活动。让学生自己组成小组也不能解决这一问题,因为大家都明白必须要组成小组。

其次,在传统的课堂形式中加入小组活动的形式仅仅使课堂气氛稍微放松一些。在这种事先组织好的四人小组中,学生面前是课桌,而且学生之间的关系是老师强加给他们的。因此,这种小组活动并不比传统的教师一人授课方式有更多的灵活性。基于这些原因,我认为这种小组模式从根本上讲,并没能正确地表现出教师要促进学生自主学习的意愿。

这一次行动研究使我对协作原则更加留心。这一原则强调有责任心的个人之间的互补性而不仅仅是分工的问题(Roschelle & Teasley,1995)。按照这一原则,我能够承担更大的责任,以便满足班级中不同学生的不同需求。

就像是在旧的情景中投入了新的阳光,这一次行动研究让我明白了让学生以更加自然的方式进行协作的可能性。同学们在分享见识和新的想法的时候,就能够以一种符合他们文化价值的方式来享受语言学习的成果。

参考文献和拓展阅读

Brown, H. (1994). *Teaching by principles: An interactive approach to language pedagogy*. Englewood Cliffs, NJ: Prentice Hall Regents.

Burns, A. (1999). *Collaborative action research for english language teachers*. Cambridge: Cambridge University Press.

Burns, A. (2002). Teachers' voices: Exploring action research in Australia. *New Routes Magazine*, (São Paulo) (July 2002)18, pp. 12 - 15.

Hubbard, P., Jones, H., Thornton, B., & Wheeler, R. (1983). *A training course for TEFL*. Oxford: Oxford University Press.

Mayo, D. (2003). Discovering the classroom community. In G. Hadley (Ed.), *Asian voices: Action research in action* (pp. 16 - 20). Portfolio series, v. Singapore: SEAMEO Regional Language Centre.

Nunan, D. (1989). *Understanding language classrooms*. Hemel Hempstead: Prentice Hall.

Patterson, L., Minnick Santa, C., Short, K., & Smith, K. (Eds.). (1993). *Teachers are researchers: Reflection and action*. Newark, DE: International Reading Association.

Pfister, C. (2001). Developing ESP vocabulary in the ESL classroom. In A. Burns & H. de Silva (Eds.), *Teachers voices 7: Teaching vocabulary* (pp. 39 - 45). Sydney: National Centre for English Language Teaching and Research.

Ribeiro, S. A. (2002). The reflective cycle. *New Routes Magazine*, 16

(January), pp. 26 - 29.

Richards, J. C., & Lockhart, C. (1994). *Reflective teaching in second language classrooms*. New York: Cambridge University Press.

Roschelle, J., & Teasley, S. (1995). The construction of shared knowledge in collaborative problem solving. In S. O'Malley (Ed.) *Computer supported collaborative learning* (pp. 69 - 97). Berlin: Springer-Verlag.

Sagor, R. (1992). *How to conduct collaborative action research*. Alexandria, VA: Association for Supervision and Curriculum Development.

Tomlinson, C. (1999). *The differentiated classroom: Responding to the needs of all learners*. Alexandria, YA: Association for Supervision and Curriculum Development.

Wallace, M. J. (1998). *Action research for language teachers*. Cambridge: Cambridge University Press.

译者的话

随着我国外语教育教学改革的进一步深化,外语教师越来越强烈地感觉到终身学习和职业发展的迫切性。外语教师的发展问题主要涉及教师培训和教学研究,这两个问题关系到各级各类外语教师的职业发展前景和外语教育教学质量的提升。因此,探究和吸收国外语言教师职业发展的宝贵经验尤显重要。本书译者翻译出版《语言教师的职业发展:教师学习策略》(作者:Jack C. Richards & Thomas S. C. Farrell),其目的就是为我国外语教师职业发展模式和策略提供一些有益的借鉴。

原书作者通过列举例证(花絮)和呈现反思的形式,考察了十一种可以促进语言教师的职业发展方式,包括工作坊、自我监控、教师互助小组、教学日志、同行听课、教学档案、分析关键事件、案例分析、同行培训、合作教学和行动研究,目的是要帮助语言教师和教师管理者从中选择最符合他们需求的发展方式。全书共有12章,第1章至第5章由陈亚杰教授翻译完成,第6章至第12章由王新副教授翻译完成。

本书的翻译和出版得到了复旦大学出版社的大力帮助和支持,同时也受到内蒙古社会科学研究项目"自觉与自省:高校外语教师行为动机研究(18Z04)"和内蒙古教育科学"十三五"规划项目"以蒙古语为母语的大学生英语教学媒介语研究(NGHWZ201936)"两项课题的资助。在此我们要一并感谢帮助和支持过我们的单位和个人。最后,我们要特别感谢复旦大学出版社外语分社的仇文平先生、商广阔先生、宋启立先生、刘苏瑶女士的大力协助,感谢他们在本译著的出版和编辑过程中付出的辛勤工作。

二零一九年四月

图书在版编目(CIP)数据

语言教师的职业发展:教师学习策略/(新西兰)杰克·C.理查兹,(加)托马斯·S.C.法瑞尔著;陈亚杰,王新译.—上海:复旦大学出版社,2020.1
书名原文: Professional Development for Language Teachers
ISBN 978-7-309-14704-9

Ⅰ.①语… Ⅱ.①杰…②托…③陈…④王… Ⅲ.语言教学-师资培养-研究 Ⅳ.①H09

中国版本图书馆 CIP 数据核字(2019)第 232191 号

This is a translation edition of the following title originally published by Cambridge University Press:
Professional Development for Language Teachers (ISBN: 9780521613835)
© Cambridge University Press 2005

This translation edition for the People's Republic of China (excluding Hong Kong, Macau and Taiwan) is published by arrangement with The Chancellor, Masters, and Scholars of the University of Cambridge, acting through its department Cambridge University Press, Cambridge, United Kingdom.

This edition © Fudan University Press 2020 published under license.

This translation edition is authorized for sale in the People's Republic of China (excluding Hong Kong, Macau and Taiwan) only. Unauthorized export of thistranslation edition is a violation of the Copyright Act. No part of this publication may be reproduced or distributed by any means, or stored in a database or retrieval system, without the prior written permission of Cambridge University Press and Fudan University Press.

上海市版权局著作权合同登记号 图字 09-2019-783 号

语言教师的职业发展:教师学习策略
(新西兰)杰克·C.理查兹,(加)托马斯·S.C.法瑞尔 著 陈亚杰 王 新 译
责任编辑/宋启立 刘苏瑶

复旦大学出版社有限公司出版发行
上海市国权路 579 号 邮编:200433
网址:fupnet@fudanpress.com http://www.fudanpress.com
门市零售:86-21-65642857 团体订购:86-21-65118853
外埠邮购:86-21-65109143
常熟市华顺印刷有限公司

开本 890×1240 1/32 印张 7.625 字数 169 千
2020 年 1 月第 1 版第 1 次印刷

ISBN 978-7-309-14704-9/H·2939
定价:42.00 元

如有印装质量问题,请向复旦大学出版社有限公司发行部调换。
版权所有 侵权必究